mathbu.ch

Arbeitsheft 9

Walter Affolter

Guido Beerli

Hanspeter Hurschler

Beat Jaggi

Werner Jundt

Rita Krummenacher

Annegret Nydegger

Beat Wälti

Gregor Wieland

Francesca

Schulverlag plus AG, Bern
Klett und Balmer Verlag, Zug

Liebe Schülerin, lieber Schüler

Der math-circuit besteht, wie ein Circuittraining im Sport, aus verschiedenen Posten. Im Sport trainiert man bestimmte Fertigkeiten. Im math-circuit trainierst du die wichtigsten Fertigkeiten des Kopfrechnens. Die zehn verschiedenen Posten sind in drei Bereiche aufgeteilt:

Masseinheiten/Zuordnungen

21	Proportionale, umgekehrt proportionale und andere Zuordnungen (ab LU 1)
22	Grafische Zuordnungen (ab LU 3)
23	Zusammengesetzte Masseinheiten (ab LU 1)
24	Kapital – Zins – Zinssatz (ab LU 19)
25	Massstab – Ähnlichkeit (ab LU 2)

Zahlen

26	Potenzen (ab LU 13)
27	Zahlenfolgen (ab LU 4)

Algebra

28	Schwierigere Gleichungen (ab LU 1)

Die Übungen kannst du beliebig in dein Übungsprogramm einbauen und mit weiteren ähnlichen Aufgaben ausbauen. Die Reihenfolge der einzelnen Aufgaben ist nicht entscheidend. Du kannst auf viele verschiedene Arten üben. Alle Übungen sind so aufgebaut, dass du deine Fertigkeiten sofort kontrollieren kannst.

Alle Übungen zusammen umfassen die wichtigsten Kopfrechenfertigkeiten der Volksschule. Lege die Übungen des 9. Schuljahres in den Schnellhefter zu den Übungen des 7. und 8. Schuljahrs, so dass du sie stets zur Hand hast.

Protokolliere dein Training. Hast du eine Übung bearbeitet, trägst du das Datum auf dem Übungsblatt ein und notierst, wie sicher du die Übung gelöst hast.

Die Punktzahl beschreibt deine Sicherheit:

4	Ich musste Hilfe holen.
3	Ich musste lange nachdenken.
2	Ich konnte die Aufgaben im Kopf lösen, hatte aber noch einige falsch gelöst.
1	Ich konnte die Aufgaben schnell und richtig lösen.

Datum	Sicherheit

Übungen herstellen

Tabellen herstellen

Du stellst dir eine Übung für eine Fertigkeit zusammen, die du noch nicht so gut beherrschst. Das kann eine der 8 Übungen aus dem math-circuit sein. Skizziere auf Notizpapier eine leere Tabelle. Trage in die eine Spalte Aufgaben ein. Deine Lernpartnerin macht zur gleichen Fertigkeit auch eine solche Tabelle. Tauscht die Tabellen aus, tragt die Ergebnisse ein. Tauscht wieder aus und kontrolliert euch gegenseitig.

Kärtchen herstellen

Gibt es Übungen, die du noch intensiver trainieren solltest? Lege in diesem Fall eine Kartei mit solchen Übungen an. Du brauchst dazu Karten im Postkartenformat oder kleiner.

Vor- und Rückseite

Für jede Aufgabe brauchst du ein Kärtchen. Auf die eine Kärtchenseite schreibst du die Rechnung, auf die andere das entsprechende Ergebnis. Lass die Kärtchen von einer Kollegin oder einem Kollegen kontrollieren.

Mehrere Kärtchen

Für jede Aufgabe brauchst du mehrere Kärtchen. Auf ein Kärtchen schreibst du die Aufgabe. Auf die andern schreibst du mögliche Lösungen oder Zwischenschritte. Notiere die Aufgaben, die Zwischenschritte und die Lösungen auf einem Blatt Papier.

Übungen durchführen

Mit Tabellen arbeiten

Einzelarbeit

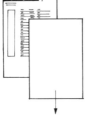

- Du nennst der Reihe nach die Ergebnisse der Aufgaben. Du kannst die eine Seite der Tabelle abdecken. Ziehe die Abdeckung schrittweise nach unten oder nach oben und kontrolliere sofort.
- Du schreibst zuerst alle Ergebnisse auf, anschliessend nimmst du die Abdeckung weg und kontrollierst.

Partnerarbeit

- Du nennst der Reihe nach die Ergebnisse, dein Partner oder deine Partnerin überprüft sofort.
- Du und deine Lernpartnerin schreiben die Ergebnisse einer Übung auf. Anschliessend tauscht ihr aus. Zuerst kontrolliert ihr die Ergebnisse gegenseitig, ohne die Abdeckung zu heben.
- Dein Lernpartner fragt dich in beliebiger Reihenfolge ab. Gleichzeitig deckt er die entsprechende Spalte zu und rechnet mit. Anschliessend deckt er auf und überprüft.

Mit Kärtchen arbeiten

Einzelarbeit

- Mische die Kärtchen. Lege sie auf einen Stapel mit der Rechnung oben. Übe, indem du die Rechnung liest, das Ergebnis berechnest und mit der Rückseite vergleichst. Aufgaben, die du ohne Probleme lösen kannst, legst du weg. Aufgaben, bei welchen du länger überlegen musst, legst du wieder unter den Stapel.
- Mische die Kärtchen. Lege anschliessend die Kärtchen zusammen, die zusammenpassen. Kontrolliere mit dem Lösungsblatt.

Partnerarbeit

Die Arbeit mit Kärtchen kann auch gemeinsam mit einer Lernpartnerin oder einem Lernpartner durchgeführt werden, indem ihr euch gegenseitig kontrolliert.

Im Bereich «Zuordnungen» trainieren.

Proportionale, umgekehrt proportionale und andere Zuordnungen (ab LU 1)

Diese Übung kann man mit Kärtchen durchführen. Ist die Zuordnung proportional (p), umgekehrt proportional (u) oder ist es eine andere Zuordnung (a)? Welcher Graph passt?

Datum	Sicherheit

---

10 Hefte kosten CHF 12.–.
Wie viel kosten 2, 5 oder 6 Hefte?
Zuordnung: _____

2 Hefte kosten CHF 2.40
5 Hefte kosten CHF 6.–
6 Hefte kosten CHF 7.20
Zuordnung: (p)

---

10 Hefte kosten CHF 12. –.
Wie viel kosten 2, 5 oder 6 Hefte?

Zuordnung:_____

2 Hefte kosten CHF 2.40
5 Hefte kosten CHF 6. –
6 Hefte kosten CHF 7.20
Zuordnung: (p)

In der Disco bezahlt man CHF 20.– Eintritt.
Jedes Getränk kostet CHF 8.–. Wie viel kostet der
Abend, wenn man 2, 4 oder 5 Getränke konsumiert?
Zuordnung:_____

2 Getränke kosten CHF 36.–
4 Getränke kosten CHF 52.–
5 Getränke kosten CHF 60.–
Zuordnung: (a)

Eine Maschine produziert in 2 min 1000 Stück.
Wie viele Stück produziert sie in 30 s,
in 1 min oder in 1h?
Zuordnung:_____

In 30 s 250 Stück
In 1 min 500 Stück
In 1 h 30 000 Stück
Zuordnung: (p)

Vier gleiche Maschinen produzieren zusammen in
5 min 1000 Stück. Wie viele Minuten brauchen 2,
5 oder 10 Maschinen für die gleiche Stückzahl?
Zuordnung:_____

2 Maschinen brauchen 10 min
5 Maschinen brauchen 4 min
10 Maschinen brauchen 2 min
Zuordnung: (u)

Ein Quader hat ein Volumen von 120 m². Wie gross
ist die Grundfläche, wenn der Quader 2 cm, 4 cm
oder 6 cm hoch ist?
Zuordnung:_____

$h = 2$ cm; $A = 60$ cm²
$h = 4$ cm, $A = 30$ cm²
$h = 6$ cm; $A = 20$ cm²
Zuordnung: (u)

Vier Teller wiegen 2 kg 800 g.
Wie schwer sind 2, 5 oder 10 Teller?

Zuordnung:_____

Teller wiegen 1.4 kg
5 Teller wiegen 3.5 kg
10 Teller wiegen 7 kg
Zuordnung: (p)

Ein Rechteck hat eine Fläche von 24 cm².
Seite a ist 1 cm, 2 cm oder 3 cm lang.
Wie lang ist Seite b?
Zuordnung:_____

$a = 1$ cm; $b = 24$ cm
$a = 2$ cm; $b = 12$ cm
$a = 3$ cm; $b = 8$ cm
Zuordnung: (u)

Die Seite eines Quadrates misst 1 cm, 5 cm
oder 10 cm. Wie gross ist die Quadratfläche?

Zuordnung:_____

$a = 1$ cm; $A = 1$ cm²
$a = 5$ cm; $A = 25$ cm²
$a = 10$ cm; $A = 100$ cm²
Zuordnung: (a)

Ein Gefäss mit 5 Litern Inhalt wird in 20 s gefüllt.
Wie viel Zeit braucht es, bis ein Gefäss
mit 2 l, 15 l oder 100 l gefüllt ist?
Zuordnung:_____

Für 2 Liter braucht es 8 s
Für 15 Liter braucht es 60 s = 1 min
Für 100 Liter braucht es 400 s = 6 min 40 s
Zuordnung: (p)

Sechs Mineralflaschen wiegen 9 kg.
Wie schwer sind 3, 4 oder 12 Flaschen?

Zuordnung:_____

3 Flaschen wiegen 4.5 kg
4 Flaschen wiegen 6 kg
12 Flaschen wiegen 18 kg
Zuordnung: (p)

Im Bereich «Zuordnungen» trainieren.

Grafische Zuordnungen (ab LU 3)

Welcher Graph passt am besten? Decke die hinterste Spalte ab.

Beachte: Ein Graph kann zu mehreren Texten gehören.

Datum	Sicherheit

Aerobic-Training: Je mehr Leute im Trainingsraum sind, desto weniger Platz hat es für den Einzelnen. **G**

Trainingscenter: Zwei Trainings darf man gratis als Schnuppertraining besuchen. Dann kostet jedes Training. **C**

Unihockey-Club: Du bezahlst den Jahresbeitrag. Die Trainings sind kostenlos. **E**

Skilift: Je schneller der Bügellift fährt, desto mehr Leute werden transportiert. **A**

Skitag: Wer eine Tageskarte kauft, kann die Skilifte beliebig oft benutzen. **E**

Skitag: Du hast eine 250-Punkte-Karte. Bei jeder Fahrt werden 10 Punkte entwertet. **D**

Skitest: Die ersten zwei Teststunden sind gratis. Für jeden weiteren Halbtag bezahlt man CHF 20.–. **C**

Snowboard: Je mehr Gewicht auf das Snowboard drückt, desto mehr biegt es sich durch. **A**

Skirennen: Je schneller jemand fährt, desto weniger Zeit braucht er. **G**

Ferien in Österreich: Du wechselst Franken in Euro. **A**

Bahnbillet: Mit der Familienkarte reisen die Kinder gratis. **E**

Taxifahrt: Man bezahlt Grundgebühr plus Streckengebühr. **B**

Bahnreisen: Mit einem Generalabonnement der SSB kann man auf allen SBB-Strecken kostenlos fahren. **E**

Bremsweg: Der Bremsweg nimmt im Quadrat zu. Bei doppelter Geschwindigkeit wird der Bremsweg viermal so lang. **F**

Im Bereich «Masseinheiten» trainieren.

Zusammengesetzte Masseinheiten (ab LU 1)

Diese Übung kann man mit Kärtchen oder mit Tabellen durchführen.

Datum Sicherheit	**Ein Auto fährt mit einer Durchschnittsgeschwindigkeit von 90 km/h. Wie weit fährt es bei dieser Geschwindigkeit in 20 min?**	**30 km**
	Ein Auto fährt mit einer Durchschnittsgeschwindigkeit von 90 km/h. Wie weit fährt es bei dieser Geschwindigkeit in 20 min?	30 km
	Ein Auto braucht etwa 8 l Benzin für 100 km. Wie viel Benzin braucht es für 25 km?	2 l
	Ein Auto fährt durchschnittlich 80 km/h. Wie lange dauert eine 200 km lange Fahrt ungefähr?	2 h 30 min oder 2.5 h
	Autokilometer werden mit 0.50 CHF/km abgerechnet. Berechne die Kosten für eine 200 km lange Fahrt.	100 CHF
	Der Benzinpreis liegt bei 1.50 CHF/l. Wie viel kostet eine Tankfüllung zu 50 Liter?	75 CHF
	Benzin hat eine Dichte von 0.75 kg/dm^3. Wie schwer ist ein Kanisterinhalt von 20 Litern?	15 kg
	Heizöl hat eine Dichte von ungefähr 800 kg/m^3. Wie gross ist das Volumen eines Tankes, welcher 1 200 kg Heizöl fasst?	1.5 m^3
	100 Blatt farbiges Zeichenpapier kosten CHF 15.–. Wie viel kosten 400 Blatt?	CHF 60.–
	Packpapier wiegt 60 g/m^2. Eine Packpapierrolle enthält 14 m^2. Wie schwer ist sie?	840 g
	Buchenholz hat eine Dichte von 0.7 kg/dm^3. Welches Volumen hat ein 3.5 kg schwerer Quader?	5 dm^3
	Buchenholz hat eine Dichte von 0.7 kg/dm^3. Wie schwer ist ein 1 m^3 grosser Holzquader?	700 kg
	Eine Quelle liefert 20 Liter Wasser pro Minute. Wie viel Wasser fliesst in einer Stunde?	1 200 l

Im Bereich «Zuordnungen» trainieren.

Kapital – Zins – Zinssatz (ab LU 19)

Diese Übung kann man mit Kärtchen oder mit Tabellen durchführen.

Datum	Sicherheit

Kapital: CHF 5 000.–
Jahreszins: CHF 100.–
Zinssatz ...

Zinssatz 2%
Jahreszins: CHF 100.–
Kapital CHF ...

Kapital CHF 5 000.–
Jahreszins CHF 100.–
Zinssatz ...

Zinssatz 2%
Jahreszins CHF 100.–
Kapital CHF ...

Kapital CHF 800.–
Zinssatz 1.5%
Jahreszins: CHF ...

Jahreszins CHF 12.–
Zinssatz 1.5%
Kapital CHF ...

Zinssatz 4%
Kapital CHF 5 000.–
Halbjahreszins CHF ...

Halbjahreszins CHF 100.–
Kapital CHF 5 000.–
Zinssatz ...

Jahreszins CHF 100.–
Zinssatz 5%
Kapital CHF ...

Kapital CHF 2 000.–
Zinssatz 5%
Jahreszins CHF ...

Halbjahreszins CHF 50.–
Zinssatz 10%
Kapital CHF ...

Kapital CHF 1000.–
Zinssatz 10%
Halbjahreszins CHF ...

Kapital CHF 5 000.–
Halbjahreszins CHF 100.–
Zinssatz ...

Zinssatz 4%
Halbjahreszins CHF 100.–
Kapital CHF ...

Kapital CHF 10 000.–
Jahreszins CHF 100.–
Zinssatz ...

Zinssatz 1%
Jahreszins CHF 100.–
Kapital CHF ...

Kapital CHF 2 000.–
Halbjahreszins CHF 100.–
Zinssatz ...

Zinssatz 10%
Halbjahreszins CHF 100.–
Kapital CHF ...

Halbjahreszins CHF 10.–
Kapital CHF 1 000.–
Zinssatz ...

Zinssatz 2%
Kapital CHF 1 000.–
Halbjahreszins CHF ...

Kapital CHF 5 000.–
Jahreszins CHF 10.–
Zinssatz ...

Zinssatz 0.2%
Jahreszins CHF 10.–
Kapital CHF ...

Kapital CHF 200.–
Jahreszins CHF 3.–
Zinssatz ...

Zinssatz 1.5%
Jahreszins CHF 3.–
Kapital CHF ...

Halbjahreszins CHF 6.–
Zinssatz 1%
Kapital...

Kapital CHF 1 200.–
Zinssatz 1%
Halbjahreszins CHF ...

Jahreszins CHF 2.–
Zinssatz 10%
Kapital CHF ...

Kapital CHF 20.–
Zinssatz 10%
Jahreszins CHF ...

m Bereich «Zuordnungen»
:rainieren.

Massstab – Ähnlichkeit (ab LU 2)

Diese Übung kann man mit Kärtchen oder mit Tabellen durchführen.

Datum	Sicherheit

Bei einem Quader werden Länge und Breite verdoppelt. Wievielmal grösser ist das neue Volumen?	**Das Volumen ist viermal grösser.**
Bei einem Quader werden Länge und Breite verdoppelt. Wievielmal grösser ist das neue Volumen?	Das Volumen ist viermal so gross.
Bei einem Quader wird die Seitenlänge vervierfacht. Wievielmal grösser ist das neue Volumen?	Das Volumen ist viermal so gross.
Auf einem Plan im Massstab 2 : 1 misst eine Strecke 20 cm. Wie gross ist sie in Wirklichkeit?	Die Strecke misst in Wirklichkeit 10 cm.
Eine Karte ist im Massstab 1 : 250 000 gezeichnet. Wie viel misst eine 5 km lange Strecke auf dieser Karte?	Die Strecke misst 2 cm.
Auf der Karte im Massstab 1 : 20 ist eine Fläche gezeichnet. Wievielmal grösser ist die Fläche in Wirklichkeit?	Die Fläche wird 400 Mal so gross.
Ein Objekt wird im Massstab 1 : 10 nachgebaut. Wievielmal kleiner ist das Volumen des Modells?	Das Volumen ist 1 000 Mal so klein.
Die Seitenlängen eines Würfels werden verdoppelt. Wievielmal grösser ist das neue Volumen?	Es ist achtmal so gross.
Bei einem Würfel werden die Seitenlängen verdoppelt. Wievielmal grösser ist die neue Kantenlänge?	Sie ist doppelt so gross.
Bei einem Quader werden die Länge, die Breite und die Höhe verdoppelt. Wievielmal grösser ist das neue Volumen?	Es ist achtmal so gross.
Bei einem Zylinder wird der Radius der Grundfläche verdoppelt. Wievielmal grösser ist das neue Volumen?	Es ist viermal so gross.
Bei einem Zylinder wird die Höhe halbiert. Wievielmal kleiner ist das neue Volumen?	Das Volumen ist halb so gross.
Bei einem Würfel werden die Seitenlängen verdoppelt. Wievielmal grösser ist die neue Oberfläche?	Sie ist viermal so gross.

**Im Bereich «Arithmetik»
trainieren.**

Potenzen (ab LU 13)

Diese Übung kann man mit Kärtchen oder mit Tabellen durchführen.

Datum	Sicherheit	$2^3 \cdot 2^2 =$	$2^5 = 32$ oder $8 \cdot 4 = 32$
		$2^3 \cdot 2^2 =$	$2^5 = 32$ oder $8 \cdot 4 = 32$
		$1^2 \cdot 1^2 =$	$1^4 = 1$ oder $1 \cdot 1 = 1$
		$1^2 + 1^2 =$	$1 + 1 = 2$
		$(1 + 1)^2 =$	$2^2 = 4$
		$10^2 \cdot 10 =$	$10^3 = 1000$ oder $100 \cdot 10 = 1000$
		$2^2 \cdot 2 =$	$2^3 = 8$ oder $4 \cdot 2 = 8$
		$2^3 + 20^2 =$	$8 + 400 = 408$
		$3^2 \cdot 10^2 =$	$9 \cdot 100 = 900$
		$(2 + 3)^2 =$	$5^2 = 25$
		$20^2 + 30^2 =$	$400 + 900 = 1300$
		$3^2 \cdot 2^2 =$	$6^2 = 36$ oder $9 \cdot 4 = 36$
		$3^2 + 2^2 =$	$9 + 4 = 13$
		$(2 + 10)^2 =$	$12^2 = 144$
		$2^2 + 10^2 =$	$4 + 100 = 104$
		$2 \cdot 10^2 =$	$2 \cdot 100 = 200$
		$2^3 \cdot 2^3 =$	$2^6 = 64$ oder $8 \cdot 8 = 64$
		$(2 \cdot 2)^3 =$	$4^3 = 64$ oder $2^3 \cdot 2^3 = 8 \cdot 8 = 64$
		$2 \cdot 3^2 =$	$2 \cdot 9 = 18$
		$(2 \cdot 3)^2 =$	$6^2 = 36$ oder $2^2 \cdot 3^2 = 4 \cdot 9 = 36$
		$(10 + 10)^2 =$	$20^2 = 400$

Im Bereich «Arithmetik» trainieren.

Zahlenfolgen (ab LU 4)

Diese Übung kann man mit Tabellen durchführen. Decke die drei hintersten Spalten ab.

Beachte: Der allgemeine Term kann auch anders aussehen.

Beispiel: Statt $5n - 1$ kann stehen $4 + (n - 1) \cdot 5$. Durch Ausklammern erhält man $5n - 1$.

Datum	Sicherheit

1. Zahl	2. Zahl	3. Zahl	4. Zahl	5. Zahl	10. Zahl	100. Zahl	n-te Zahl	10. Zahl	100. Zahl	n-te Zahl
2	4	6	8	10				20	200	$2n$
2	4	6	8	10				20	200	$2n$
1	3	5	7	9				19	199	$2n - 1$
3	6	9	12	15				30	300	$3n$
4	8	12	16	20				40	400	$4n$
4	9	14	19	24				49	499	$5n - 1$
1	4	9	16	25				100	10 000	n^2
1	4	7	10	13				28	298	$3n - 2$
2	5	10	17	26				101	10 001	$n^2 + 1$
0	3	8	15	24				99	9 999	$n^2 - 1$
9	19	29	39	49				99	999	$10n - 1$
2	8	18	32	50				200	20 000	$2n^2$
3	5	7	9	11				21	201	$2n + 1$
11	22	33	44	55				110	1 100	$11n$
8	10	12	14	16				26	206	$2n + 6$
5	11	17	23	29				59	599	$6n - 1$
2	6	12	20	30				110	10 100	$n(n + 1)$
7	8	9	10	11				16	106	$n + 6$
6	13	20	27	34				69	699	$7n - 1$
10	12	14	16	18				28	208	$2n + 8$
3	9	15	21	27				57	597	$6n - 3$

Im Bereich «Algebra» trainieren.

Schwierigere Gleichungen (ab LU 1)

Diese Übung kann man mit Kärtchen oder mit Tabellen durchführen.

Datum	Sicherheit

$3(x + 5) = 18$
$x =$

$x = 1$

$3(x + 5) = 18$
$x =$ $x = 1$

$2a + 3 = 25$
$a =$ $a = 11$

$4(3a + 1) = 40$
$a =$ $a = 3$

$2x = 5$
$x =$ $x = \frac{5}{2} = 2.5$

$2x : 4 = 10$
$x =$ $x = 20$

$\frac{x}{3} = 10$
$x =$ $x = 30$

$20 = 4(c - 2)$
$c =$ $c = 7$

$5x - 3 = 27$
$x =$ $x = 6$

$2b - 5 = 15$
$b =$ $b = 10$

$14 - x = 9$
$x =$ $x = 5$

$2(x - 8) = 0$
$x =$ $x = 8$

$14 - 2x = 0$
$x =$ $x = 7$

$5(2b + 1) = 45$
$b =$ $b = 4$

$5(5 - 2 b) = 15$
$b =$ $b = 1$

$7(3 - x) = 0$
$x =$ $x = 3$

$x(x + 1) = 6$
$x =$ $x = 2$

$\frac{4}{x} = 2$
$x =$ $x = 2$

$2a : 5 = 4$
$a =$ $a = 10$

$\frac{x}{5} = 100$
$x =$ $x = 500$

$2b - 10 = 10$
$b =$ $b = 10$

1 **Karte**

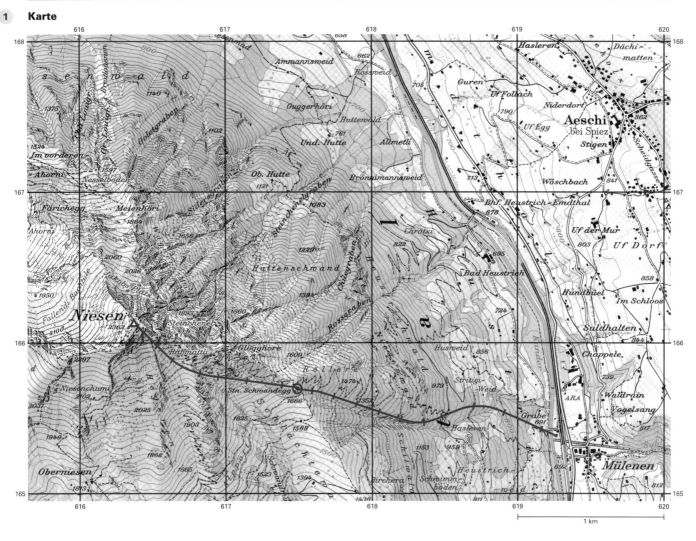

Die Niesenbahn ist eine Standseilbahn. Sie wurde 1911 gebaut. Sie beginnt auf 693 m ü.M. in Mülenen und endet auf 2 336 m ü.M. auf dem Niesen Kulm. Die Mittelstation Schwandegg liegt auf 1 669 m ü.M.

Der Verlauf der Schienen wurde auf der Karte blau nachgezeichnet. Die Markierungen auf der Karte sind jeweils im Abstand von 100 Höhenmetern angebracht.

1.1 **A** Zeichne auf der Karte ein: 1 km², 10 ha, 1 ha, 10 a.

B Wie gross ungefähr ist die auf der Karte abgebildete Fläche in Wirklichkeit (auf ganze km² angeben) ungefähr?
Nimm zur Vereinfachung an, dass die Landschaft eben und nicht gebirgig ist.

1.2 Gib die Koordinaten von Tal-, Mittel- und Bergstation an.

1.3 **A** Wie lang ist die Distanz von der Tal- zur Mittelstation auf der Karte?

Niesen
2 362 m ü.M.

Niesenkulm
2 336 m ü.M.

2. Sektion
Schienenlänge 1388 m
Steigung max. 66%

Schwandegg
1 669 m ü.M.

Steigung

1. Sektion
Schienenlänge 2 111 m
Steigung max. 68%

Mülenen
693 m ü.M.

Länge der Projektion
1. und 2. Sektion

B Vergleiche mit der Angabe in der Abbildung. Begründe.

C Miss wie in Aufgabe A die Distanz von der Mittel- zur Bergstation und vergleiche sie mit der Angabe in der Abbildung.

2 **Profile**

2.1 In der Grafik sind die Landschaftsprofile entlang y = 167 und y = 166.5 eingezeichnet.

A Vergleiche mit der Karte von Aufgabe 1.

B Zeichne die Profile für y = 166, y = 165.5 und y = 165.

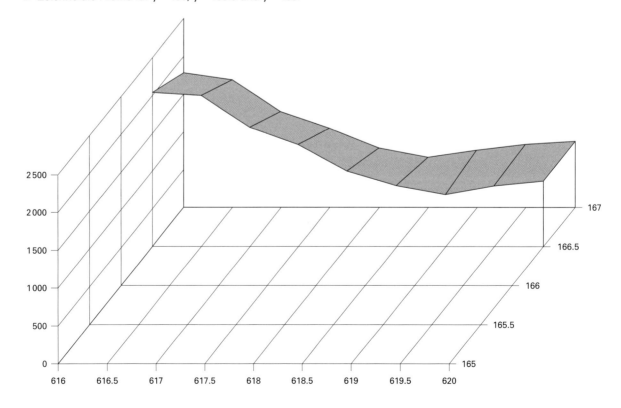

2.2 Die Darstellung zeigt ein Geländemodell des Niesen.

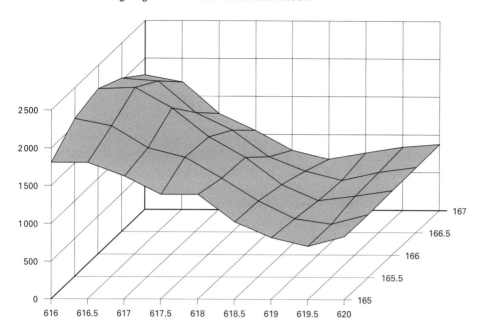

A Bestimme die Koordinaten (x/y/z) einiger Punkte auf dem Geländemodell und suche sie auf der Karte.

B Bestimme die Spitze des Niesens auf Karte und Geländemodell.

C Was bedeuten die Vierecke im Geländemodell?

D Wie könnte man das Geländemodell verfeinern?

3 Steigung

3.1 Führe das Streckenprofil bis zur Mittelstation weiter.

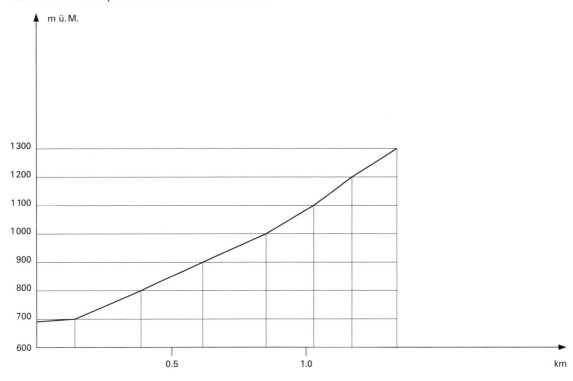

3.2 **A** Berechne im oberen Teil des Streckenprofils die Steigung von einigen Abschnitten in %.

B Bestimme zwei Punkte auf dem Streckenprofil, zwischen denen man
– direkte Sichtverbindung hat.
– keine direkte Sichtverbindung hat.
Suche jeweils die beiden Punkte auf der Karte.

3.3 Ist die Bahn in Wirklichkeit steiler/gleich steil/weniger steil als auf dem Streckenprofil? Begründe.

4 Zur Geschichte des Niesen

1856 wurde ein erstes Gasthaus auf Niesen Kulm erbaut, also 50 Jahre vor der Bahn. Sämtliche Nahrungsmittel mussten hinaufgetragen werden. Die Gäste bestiegen den Niesen zu Fuss. Wohlhabende liessen sich von Pferden und Maultieren oder sogar auf Sesseln, die von vier Männern getragen wurden, auf den Niesen bringen. 1859 verdiente ein Träger acht Franken im Tag, um die 1700 m Höhendifferenz von Wimmis auf den Niesen zu bewältigen. Ein Mietpferd kostete 15–20 Franken. Das war für die damalige Zeit eine stattliche Summe.

11 674 Stufen hat die Treppe entlang dem Geleise der Niesenbahn. Das ist gemäss dem «Guinness-Buch der Rekorde» die längste Treppe der Welt. Das Betreten ist strikte verboten, wenn nicht gerade ein Niesen-Treppenlauf stattfindet. Ein solcher wurde zuletzt 1990 durchgeführt. Der Orientierungsläufer Aebersold war der Schnellste. Er benötigte lediglich 52:26.33 Minuten. Zum Vergleich: Die Bahn benötigt für diese Strecke 28 Minuten.

4.1 **A** Wie viele Stufen schaffte Aebersold durchschnittlich in 10 s?
B Berechne die Höhe einer Treppenstufe im Durchschnitt.

4.2 Formuliere weitere Fragen und führe entsprechende Berechnungen durch.

1 **Ähnliche Figuren**

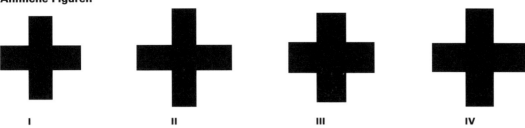

I   II   III   IV

1.1 Ein Designer wollte auf den Heckflossen der Swiss-Flugzeuge anstelle des «normalen» Schweizerkreuzes (I) ein schlankeres Zeichen (II) anbringen. Das wurde nicht erlaubt.

Die vier Arme des «normalen» Schweizerkreuzes sind Rechtecke mit dem Seitenverhältnis 6 : 5.

A Welches der Kreuze III und IV ist ein «normales» Schweizerkreuz?

B Welches Format haben die Arme beim anderen Kreuz?

1.2 **A** Schneide verschieden geformte Rechtecke aus. Miss Länge und Breite und schreibe das Verhältnis der beiden Grössen als Bruch darauf.

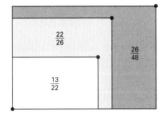

$\frac{22}{26}$

$\frac{26}{48}$

$\frac{13}{22}$

Klebe die Rechtecke der Grösse nach in einer Ecke bündig aufeinander. Verbinde die Eckpunkte miteinander.

B Mache das Gleiche mit einem A5-Blatt, einem A6-Blatt, einem A7-Blatt usw.

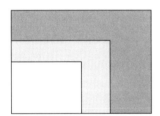

DIN-A-Formate
A4   297 mm x 210 mm
A5   210 mm x 148 mm
A6   148 mm x 105 mm
A7   105 mm x 74 mm
A8   74 mm x 52 mm

Was fällt dir auf?

Was bedeutet das?

1.3

A Zeichne das runde Verkehrszeichen in gleicher Form mit einem Durchmesser von 10 cm.

B Zeichne das dreieckige Verkehrszeichen in gleicher Form mit einer Breite von 9 cm.

C Bestimme beim runden Zeichen die Fläche des inneren Kreises und die Fläche des Ringes.

Was stellst du fest?

Gilt das auch bei deiner Zeichnung?

D Bestimme beim dreieckigen Zeichen die Fläche des inneren Dreiecks und die Fläche des Randes. Was stellst du fest?

Gilt das auch bei deiner Zeichnung?

1.4

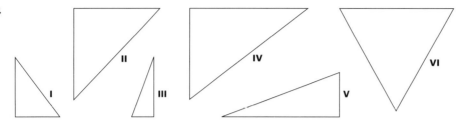

Welche dieser Dreiecke sind zueinander ähnlich? Woran erkennst du das?

1.5 Zeichne zum Dreieck IV ein ähnliches Dreieck, welches eine 12 cm lange Seite besitzt. (Es gibt drei Lösungen.)

1.6 A Was passiert, wenn du beim Computer das Bildschirmzoom veränderst?

   B Wie verändert sich der Umfang eines Rechtecks, wenn du das Zoom von 100 % auf 50 % veränderst?

   C Wie verändert sich der Flächeninhalt eines Rechtecks, wenn du das Zoom von 100 % auf 50 % veränderst?

   D Wie verändert sich der Umfang eines Rechtecks, wenn du das Zoom von 100 % auf 150 % veränderst?

   E Wie verändert sich der Flächeninhalt eines Rechtecks, wenn du das Zoom von 100 % auf 150 % veränderst?

1.7 Die Tabelle enthält die Seitenlängen von Dreiecken (in cm).

Dreieck	I	II	III	IV	V	VI	VII	VIII	IX
Seite a	3	3	6	6	6	5	15	15	2
Seite b	4	4	8	8	4	12	36	12	3
Seite c	5	6	10	12	3	13	39	9	4

   A Welche dieser Dreiecke sind zueinander ähnlich?
     Woran erkennst du das?

     Markiere die Nummern ähnlicher Dreiecke mit der gleichen Farbe.
   B Welche dieser Dreiecke sind rechtwinklig?
     Woran erkennst du das?

   C Sind alle diese rechtwinkligen Dreiecke zueinander ähnlich? Begründe.

   D Welche dieser Dreiecke sind zueinander kongruent?
     Woran erkennst du das?

1.8 A Zeichne ein Dreieck mit zwei 45°-Winkeln.

   B Zeichne ein Dreieck mit einem 40°-Winkel und einem 80°-Winkel.

   C Vergleicht die bei A und B gezeichneten Dreiecke in der Klasse. Was stellt ihr fest?

1.9 Die Tabelle enthält je zwei Winkel von Dreiecken.

Dreieck	I	II	III	IV	V	VI	VII	VIII	IX
Winkel 1	30°	90°	45°	60°	20°	100°	80°	60°	45°
Winkel 2	60°	30°	45°	30°	80°	20°	20°	60°	45°
Winkel 3									

A Berechne je den dritten Winkel und entscheide, welche Dreiecke ähnlich sind. Markiere sie mit der gleichen Farbe.

B Wo kannst du ohne Berechnung des dritten Winkels entscheiden, ob die Dreiecke ähnlich sind?

1.10 Begründe oder widerlege die folgenden Behauptungen:

A Alle Quadrate sind zueinander ähnlich.

B Alle Rechtecke sind zueinander ähnlich.

C Alle Rhomben sind zueinander ähnlich.

D Alle gleichseitigen Dreiecke sind zueinander ähnlich.

E Alle gleichschenkligen Dreiecke sind zueinander ähnlich.

F Alle rechtwinkligen Dreiecke sind zueinander ähnlich.

G Alle rechtwinklig gleichschenkligen Dreiecke sind zueinander ähnlich.

H Wenn zwei Vierecke in allen Seitenlängen übereinstimmen, sind sie ähnlich.

I Alle Kreise sind zueinander ähnlich.

J Alle Kreisringe sind zueinander ähnlich.

1.11 Ein Haus wirft einen 12 m langen Schatten. Wie lässt sich mit einem Meterstab daraus die Höhe des Hauses bestimmen? Erkläre an einer Skizze und berechne ein Beispiel.

1.12 A Strecke einen Arm aus, schliesse ein Auge und peile über den Daumen einen fernen Punkt an. Blicke dann mit dem anderen Auge über den Daumen, ohne dass du diesen bewegst. Was stellst du fest?

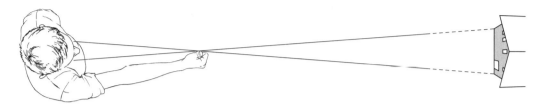

B Wenn du die Breite, die der Daumen zu überspringen scheint, ungefähr kennst, kannst du daraus die Distanz berechnen. Die Armlänge beträgt nämlich etwa das Zehnfache des Augenabstandes. Darum beträgt die Distanz etwa das Zehnfache der «übersprungenen» Breite.

Dein Daumen überspringt die Breite eines Hauses, welche du auf 20 m schätzt. Wie weit etwa ist das Haus entfernt?

C Schätze mittels Daumensprung Distanzen in deiner Umgebung.

2 Ähnliche Körper

2.1

A Baue dieses «Podest» aus Würfeln nach.

Baue dann aus gleichen Würfeln ein ähnliches Podest um den Faktor 2 vergrössert.

Wie viele Würfel brauchst du?

B Baue aus gleichen Würfeln ein ähnliches Podest um den Faktor 3 vergrössert.

Wie viele Würfel brauchst du?

2.2

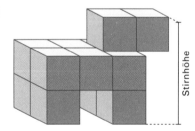

Stirnhöhe

A Das kleine «Kubi» im Buch hat eine Stirnhöhe von drei Einheiten. Baut aus Würfeln ein «Kubi» mit sechs Einheiten Stirnhöhe. (Zwischen Beine und Bauch kann ein dünner Karton gelegt werden. Die Würfel des Kopfes kann man mit Klebband zu einem Quader zusammenfassen und am Rücken leicht befestigen.)

B Fülle die folgende Tabelle für «Kubis» aus:

	Stirnhöhe	Gesamtlänge	Breite	Kopflänge	Sohlenfläche (pro Fuss)	Rückenfläche (ohne Schultern)	Gesamte Körper-oberfläche	Kopfvolumen	Körpervolumen
I	3	4	2	2	1	4	42	2	12
II	6								
III	9								
IV	12								
V	15								

2.3 **A** Zeichne die Abwicklung eines Quaders mit den Kantenlängen a = 2 cm, b = 4 cm, c = 6 cm.

     B Stellt Vergrösserungen mit den Faktoren 1.5, 2, 2.5 her.

     C Stellt aus den vier Abwicklungen die Quader her (I: Original, II: Faktor 1.5, III: Faktor 2, IV: Faktor 2.5).

2.4 **A** Mit I, II, III, IV sind die vier Quader von 2.3 bezeichnet. Fülle die folgende Tabelle aus:

	Länge [cm]	Breite [cm]	Höhe [cm]	Volumen [cm]	Inhalt der grössten Seitenfläche [cm]	Inhalt der kleinsten Seitenfläche [cm]	Oberfläche [cm]	Gesamtlänge aller Kanten [cm]	Länge der grössten Flächendiagonalen [cm]	Länge der Raumdiagonalen [cm]
I	2	4	6							
II										
III										
IV										

     B Suche Zusammenhänge in der Tabelle und erkläre sie.

2.5 Welche der folgenden Quader sind zueinander ähnlich?
Woran erkennst du das?

Quader	I	II	III	IV	V	VI	VII	VIII	IX
Länge (in cm)	5	20	40	15	25	30	10	10	10
Breite (in cm)	8	32	32	18	28	24	7	20	20
Höhe (in cm)	10	40	20	20	30	15	5	14	16

3.3 Das Erdinnere

Die Distanz rund um den Äquator misst etwa 40 000 km.

A Berechne den Erdradius.

B Lies den folgenden Text und beschrifte die Abbildung mit möglichst vielen Daten.

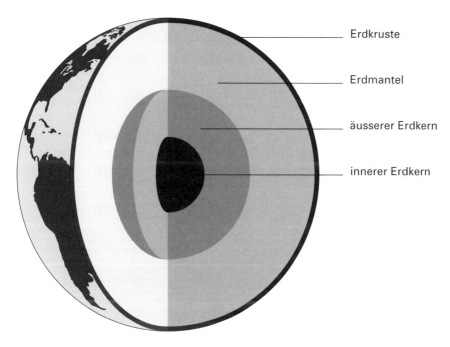

Erdkruste

Erdmantel

äusserer Erdkern

innerer Erdkern

Erdkruste

Unter dem Festland ist die Erdkruste ca. 30– 40 km dick. Unter den Ozeanen ist sie bedeutend dünner.
Dort misst sie bloss etwa 10 km.
Das Material der Erdkruste ist fest. An der Erdoberfläche beträgt die Dichte im Durchschnitt 2.75.
Gegen das Erdinnere nimmt sie zu. Ihre durchschnittliche Dichte liegt bei etwa 3.
Erdmantel
Der Erdmantel erstreckt sich bis 2 900 km ins Erdinnere. Das Material im Erdmantel ist fest. Die durchschnittliche
Dichte des Gesteins liegt bei 5.
Erdkern
Der Erdkern besteht aus schwererem Material. Die Dichte nimmt in diesem Bereich von 9.4 bis 15 zu. Man unterscheidet einen äusseren und einen inneren Erdkern. Die Grenze vom inneren zum äusseren Erdkern liegt ca. 5 100 km
unter der Erdoberfläche. Das Material des äusseren Kerns ist flüssig und hat im Durchschnitt eine Dichte von 11.
Das Material des inneren Kerns ist fest und erreicht Temperaturen bis 10 000 °C. Seine durchschnittliche Dichte liegt
bei 13.

C Berechne Volumen und Gewicht des inneren Erdkerns, des äusseren Erdkerns, des Erdmantels, der Erdkruste und der
gesamten Erde.

1 **Finde den Weg im Raum.**

1.1 Der Würfel hat die Kantenlänge 12. Welche Koordinaten hat

A die Ecke hinten/unten/links? _____

B die Ecke vorne/unten/links? _____

C die Ecke vorne/unten/rechts? _____

D dle Mltte der oberen Seitenfläche? _____

E der Schnittpunkt der Raumdiagonalen? _____

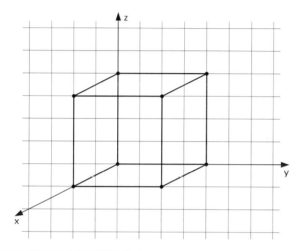

1.2 Der Würfel hat die Kantenlänge 12. Welche Koordinaten hat

A die Ecke hinten/unten/links? _____

B die Ecke vorne/unten/links? _____

C die Ecke vorne/unten/rechts? _____

D die Mitte der oberen Seitenfläche? _____

E der Schnittpunkt der Raumdiagonalen? _____

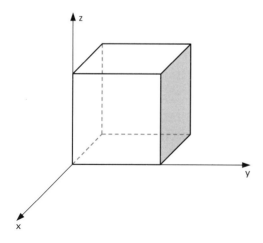

1.3

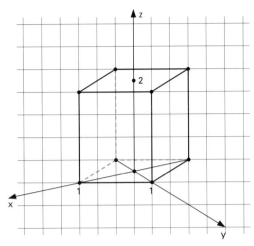

Welche Koordinaten hat bei obigem Quader

A die Ecke hinten/unten/links?

B die Ecke vorne/unten/links?

C die Ecke vorne/unten/rechts?

D die Mitte der oberen Seitenfläche?

E der Schnittpunkt der Raumdiagonalen?

F der Mittelpunkt der rechten Seitenfläche?

G Wie gross ist die Bodenfläche?

H Wie gross ist die gesamte Oberfläche?

I Wie gross ist das Volumen?

1.4 Der Würfel hat die Kantenlänge 12.

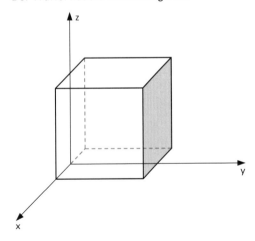

A Bestimme die Koordinaten der Ecken.

B Bestimme die Koordinaten der Flächenmitten.

1.5 Der Würfel hat die Kantenlänge 12.

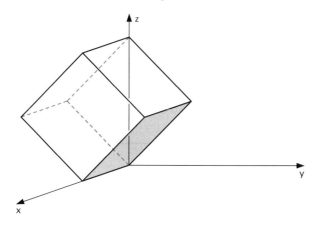

A Bestimme die Koordinaten der Ecken.

B Bestimme die Koordinaten der Flächenmitten.

2 Halte ein regelmässiges Tetraeder so über das Zeichenblatt, dass du den Körper so siehst, wie er bei I, bei II und bei III gezeichnet ist.

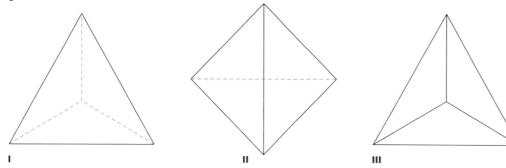

I   II   III

Welche Linien und Flächen sind in der Projektion gleich gross wie beim Tetraeder selbst? Markiere mit Farben.

3 Ein regelmässiges Tetraeder kann man so aufspiessen, dass nach einer Drehung um einen bestimmten Winkel jede Ecke den Platz einer andern oder ihren eigenen einnimmt.

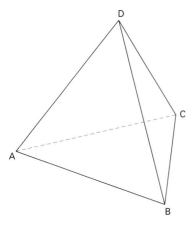

Wo genau gehen solche «Symmetrieachsen» durch?

Wie gross sind die nötigen Drehwinkel?

Tipp

Beim Suchen und Begründen können die Abbildungen von Aufgabe 2 oder eine Stricknadel mit Papiermodell hilfreich sein.

4 Auch bei einem Würfel kann man «Symmetrieachsen» wie in Aufgabe 3 finden. Es gibt

- «zweizählige» (zwei hintereinander ausgeführte, gleiche Drehungen um 180° führen wieder in die Ursprungslage),
- dreizählige (drei hintereinander ausgeführte, gleiche Drehungen um 120° führen wieder in die Ursprungslage) und
- vierzählige (jede Drehung um 90° bringt den Würfel wieder mit sich zur Deckung, nach vier Drehungen ist wieder der ursprüngliche Zustand erreicht).

Beschreibe, wo solche «Symmetrieachsen» durchgehen.

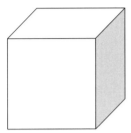

Tipp

Beim Suchen und Begründen können die drei speziellen Würfelprojektionen hilfreich sein.
Überlege, wie sie zustande gekommen sind.

 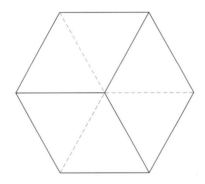 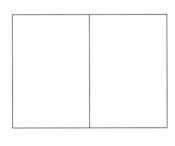

Auch eine Stricknadel, entsprechend durch ein Papiermodell gestossen, kann dir weiterhelfen.

---

5 Wenn man in einem Würfel mit Kantenlänge a die Flächenmitten miteinander verbindet, ergibt sich ein regelmässiges Oktaeder.

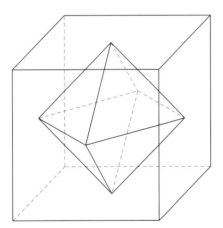

A Zeichne die Projektion, wenn man senkrecht von oben auf die Würfelfläche schaut («Grundriss»).

B Zeichne die Projektion, wenn man senkrecht von vorne auf die Würfelfläche schaut («Aufriss»).

C Wie gross ist das Volumen des Oktaeders?

6 U und V sind Kantenmitten im Würfel. Das Dreierprisma UFBVCG in diesem Würfel wird zerlegt in drei Pyramiden.

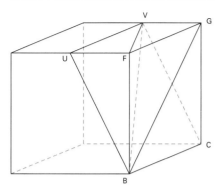 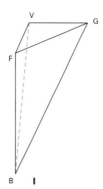 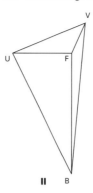 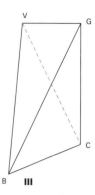

I   II   III

Tipp

Baue die drei Pyramiden aus festem Papier.

A Wo überall bei den Teilen I, II und III finden sich rechte Winkel?

B Welche Kanten in der Pyramide I sind gleich lang wie Kanten in der Pyramide II?

C Du kannst bei I und II je ein Paar «Seitenfläche mit senkrecht dazu stehender Kante» finden, wo beide Flächen und beide Kanten untereinander gleich gross sind. Bezeichne diese Paare.

D Suche für II und III auch zwei solche Paare.

E Inwiefern ist die obige Zerlegung des Würfels ein Argument für die Formel $V_{\text{Pyramide}} = \frac{1}{3} \cdot$ Grundfläche $\cdot$ Höhe?

7 Im *mathbu.ch 9* hast du für ein Kugeltetra aus 20 Kugeln zwei Zerlegungen einander zugeordnet.

Man kann sich fragen, wie die zweite Zerlegung beim nächstgrösseren Kugeltetra aussieht.

Die Abbildung zeigt die erste Zerlegung.

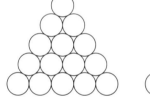

Zeichne die zweite Zerlegung.

8 **Welcher Körper ist dargestellt?**

Skizziere zu jedem Dreierriss ein passendes Raumbild.

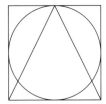

von vorne
(Aufriss)

von links
(Seitenriss)

von oben
(Grundriss)

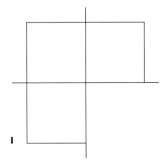

I

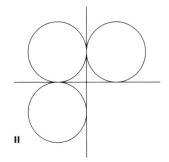

II

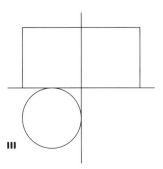

III

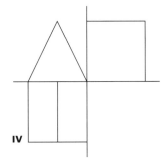

IV

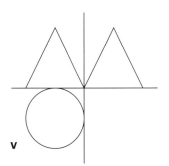

V

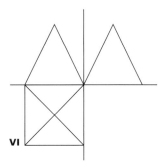

VI

1 **Bevölkerungspyramide**

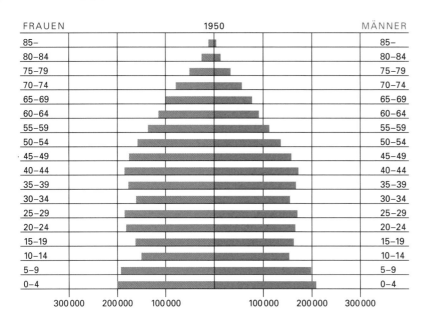

FRAUEN — 1950 — MÄNNER

(Altersgruppen von 0–4 bis 85–)

Skala: 300 000 — 200 000 — 100 000 — 100 000 — 200 000 — 300 000

1.1 Wie gross war die Schweizer Bevölkerung 1950 etwa? Vergleiche mit heute.

1.2 **A** Wo in der Grafik ist die Anzahl Personen ersichtlich, welche 1950 geboren wurde?

B Wo in der Grafik ist die Anzahl Personen ersichtlich, die vor 1850 geboren wurde?

C Aus welchem Balken ist die Anzahl Personen ersichtlich, die 1888 geboren wurde?

D In welchem Balken ist die Anzahl Personen dargestellt, die nach 1915 geboren wurde?

1.3 **A** Färbe den Balken blau, welcher die Anzahl Mädchen darstellt, die zwischen 1926 und 1930 geboren wurden.

B Enthält dieser Balken die Anzahl aller Mädchen, die zwischen 1926 und 1930 geboren wurden?

C Enthält dieser Balken die Anzahl noch anderer Personen als Mädchen, die zwischen 1926 und 1930 in der Schweiz geboren wurden?

1.4 **A** Färbe die Balken rot, welche die Anzahl männlicher Personen darstellen, die vor 1900 geboren wurden.

B In welchen Jahren wurden die Personen in den untersten vier Balken geboren?

1.5 Schreibe neben jeden Balken links und rechts die Anzahl Personen auf 10 000 gerundet.

1.6 Die Grafik zeigt einen Vergleich der Schweizer Bevölkerung mit derjenigen von Mexiko um die Mitte der 90er-Jahre des letzten Jahrhunderts.

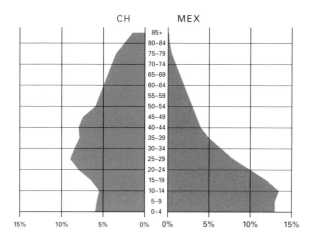

A Beschreibe, was die beiden Seiten der Grafik darstellen.

B Worin unterscheiden sich die beiden Bevölkerungen hauptsächlich?

1.7 Warum ist es sinnvoll, in der Grafik «Bevölkerung. Vergleich: Schweiz – Mexiko» die Verteilung in Prozent, und nicht die absoluten Bevölkerungszahlen anzugeben? Wie würde die Darstellung mit absoluten Zahlen aussehen?

1.8 Die Grafiken I–IV zeigen den gleichen Sachverhalt wie die Grafik in Aufgabe 1.6.

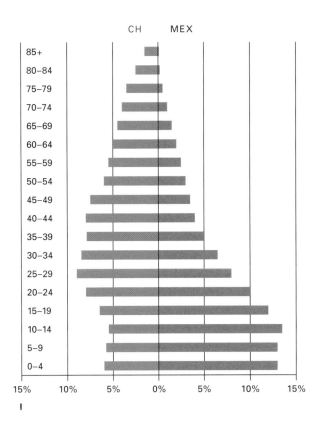

I

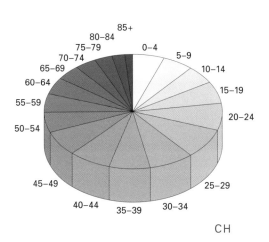

CH

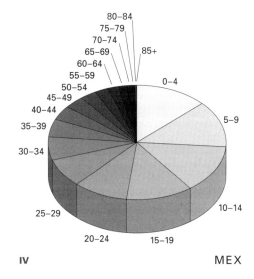

IV   MEX

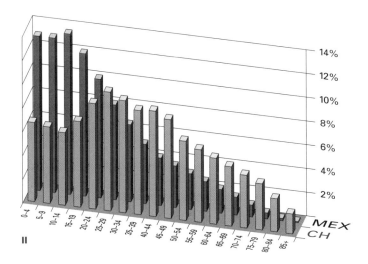

II

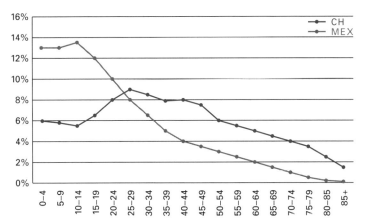

III

A Suche in jeder Grafik die Altersgruppe 20–24 der beiden Länder. Färbe den Balken mit der schweizerischen rot und jenen mit der mexikanischen grün.

B Färbe im Diagramm I die Balken von drei zusammenhängenden Altersgruppen (zum Beispiel 5–19). Färbe die gleichen Gruppen in allen Diagrammen.

C Was fällt bei jeder Grafik besonders auf?

_____

_____

_____

2 Weiter im Internet

Das Bundesamt für Statistik (BFS) stellt im Internet unter www.statistik.admin.ch laufend aktuelle Daten zur Verfügung. Du findest Angaben zur Schweiz, zu einzelnen Kantonen und zu anderen Ländern. Die Seite enthält Daten zu Bevölkerung, Umwelt, Arbeit, Gesundheit, Verkehr usw. Eine internationale Statistik gibt Auskunft zu anderen Ländern. Im Forum Schule findest du auch eine Anleitung und verschiedene Lernvorschläge.

Aus dem Bereich «Bevölkerung: kurz und bündig» sind im Folgenden ein paar Beispiele wiedergegeben. Die Texte sind zum Teil gekürzt. Du kannst die beigefügten Aufgaben auch mit aktuelleren Daten aus dem Internet bearbeiten.

Bevölkerungsstruktur

	1999	%	2000	%
Schweiz	7 164 444	100.0	7 204 055	100.0

Altersgruppen	1999	%	2000	%
0–19	1 663 861	23.2	1 664 351	23.1
20–39	2 092 988	29.2	2 080 757	28.9
40–64	2 313 332	32.3	2 349 761	32.6
65–79	810 778	11.3	817 774	11.4
80 und mehr	283 485	4.0	291 412	4.0

2.1 A Wie hängen die Zahlen in dieser Tabelle zusammen?

_____

_____

_____

B Erstelle für das Jahr 2000 eine Grafik.

2.2 Eine alternde Gesellschaft

Es gibt heute erheblich mehr ältere Menschen als noch vor 50 Jahren. So hat sich die Zahl der über 64-Jährigen seit 1950 mehr als verdoppelt, jene der 80-Jährigen und älteren sogar gut vervierfacht. Die Zahl der unter 20-Jährigen hat dagegen viel weniger stark zugenommen. Dieser Alterungsprozess wird sich in den nächsten Jahrzehnten noch fortsetzen.

A Was ist die Hauptaussage dieses Abschnittes?

_____

_____

B Formuliere Fragen, deren Antworten sich mit Angaben in diesem Abschnitt und Daten aus der oberen Tabelle berechnen lassen.

2.3 In- und ausländische Wohnbevölkerung (Ständige Wohnbevölkerung 2000)

Bei den Ausländerinnen und Ausländern nicht inbegriffen sind die Saisonarbeitskräfte (22 431 Personen), die Kurzaufenthalterinnen und -aufenthalter (19 757 Personen) sowie die Asylbewerberinnen und -bewerber (71 957 Personen).

Heimat	absolut	%
Total	7 204055	100.0
Schweiz	5 779 685	80.2
Ausland	1 424370	19.8

A Formuliere die Hauptaussagen dieser Tabelle so, dass sie leicht zu behalten sind.

B Stelle die Daten in dieser Tabelle grafisch dar.

2.4 Nationalität der ständigen ausländischen Wohnbevölkerung

	absolut	%
Total	1 424 370	100.0
Italien	321 795	22.6
Serbien und Montenegro	344 324	24.2
Portugal	135 449	9.5
Deutschland	109 785	7.7
Spanien	84 226	5.9
Türkei	80 165	5.6
Frankreich	61 688	4.3
Übriges Europa	124 503	8.7
Asien	72 002	5.1
Amerika	49 687	3.5
Afrika	37 618	2.6
Australien, Ozeanien	2 829	0.2
Staatenlose	259	0.0

Stelle die Daten obiger Tabelle als Kreisdiagramm dar.

2.5 **A** Stelle mit Pfeilen auf einer Europakarte dar, woher unsere ausländische Wohnbevölkerung stammt.

Drücke mit der Dicke der Pfeile aus, wie gross der Anteil ist.

Als Beispiel ist Portugal eingezeichnet.

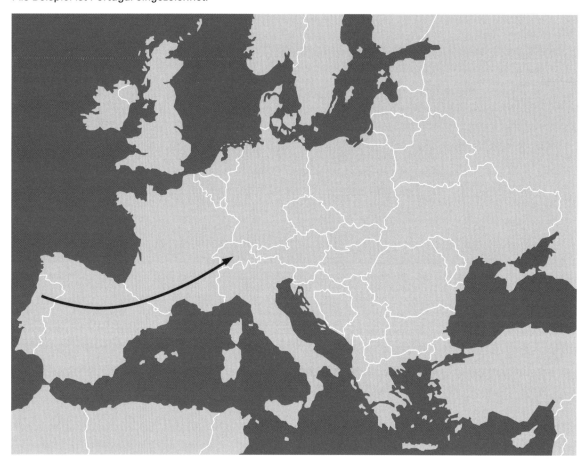

B Wie verhält sich die Anzahl der europäischen Ausländer zur Anzahl aus anderen Erdteilen?

_____

_____

C Warum steht bei «Staatenlose» für 259 Personen 0.0%?

_____

_____

2.6 Arbeitet weiter mit Daten aus dem Internet.

– Macht grafische Darstellungen zu Angaben in Tabellenform.

– Stellt euch gegenseitig Fragen, die ihr mit Angaben aus dem Internet beantworten könnt.

3　**Demografie**

So nennt sich die Wissenschaft von der Bevölkerungsentwicklung. Die demografischen Beiträge in Zeitungen und Zeitschriften enthalten Daten, die uns direkt betreffen. Aber viele Leute werden aus solchen «Zahlenhaufen» nicht klug. Hier kannst du deine mathematische Lesefähigkeit trainieren, indem du von kurzen zu längeren und komplizierteren Artikeln fortschreitest.

3.1　**A**　Versuche, die Informationen einfacher auszudrücken; möglichst so, dass du sie dir merken kannst.

　　B　Erkläre jemandem mit eigenen Worten (ohne Textvorlage), was im betreffenden Artikel steht.

　　C　Stellt einander Fragen, deren Antworten sich anhand eines Textes berechnen lassen.

1 Milliarde Inderinnen und Inder im Mai 2000

Alle zwei Sekunden kommt in Indien ein Baby auf die Welt. Das sind 1.3 Millionen Geburten pro Monat.
Im Jahr wächst die Bevölkerungszahl Indiens um etwa so viel, wie Australien Einwohner hat.

Wachstumsraten in der Schweiz

Zwischen 1820 und 1830 erreichte die Schweiz mit 1.5 % die höchste jährliche Wachstumsrate.
Zum Vergleich: Die aktuelle Wachstumsrate der Weltbevölkerung (2004) beträgt 1.7 %.

Kurs aufs Altersheim Schweiz

1995 kamen auf 100 Personen im erwerbsfähigen Alter 24 Personen im Rentenalter.
Im Jahr 2010 werden es zwischen 28 und 33 sein, im Jahr 2040 gar zwischen 44 und 48.

Auf und Ab der Geburtenrate

Die Geburtenrate zeigte in der Schweiz seit Mitte des 19. Jahrhunderts lange einen sinkenden Trend. Sie erholte sich erst zwischen 1940 und dem Pillenknick von 1964, sank dann aber erneut auf ein tieferes Niveau. 1982 gab es 75 000 Geburten. Das sind weniger als 110 Jahre zuvor, als die Bevölkerung nicht einmal halb so gross war.

Lebenserwartung steigt

Die Menschen in den westlichen Industrieländern werden gemäss einer Studie des Forschungsinstituts Mountain View in Los Altos (Kalifornien) Mitte des 21. Jahrhunderts länger leben als bisher angenommen. Am ältesten werden die Menschen in Japan. Dort wird die Lebenserwartung bis zum Jahr 2050 von 82.8 auf 90.9 Jahre steigen.
In Frankreich werden die Menschen nach Berechnungen der US-Forscher durchschnittlich 87 Jahre alt. Es folgen Italien mit einer Lebenserwartung von 86.2 Jahren, Kanada mit 85.2 Jahren und Grossbritannien mit 83.7 Jahren. In Deutschland steigt die Lebenserwartung auf 83.1 Jahre und in den USA auf 82.9 Jahre. In der Schweiz liegt die Lebenserwartung nach Zahlen des BFS (2000) bei 82.4 Jahren für Frauen und 76.4 Jahren für Männer.

Trend zu Megastädten

Die Zahl der Stadtbewohner wird sich laut Prognose bis 2025 von 2.4 Milliarden (Stand 1995) auf 5 Milliarden verdoppeln. 27 Megastädte mit über 10 Millionen Einwohnern werden noch einmal massiv wachsen. In 15 Jahren sollen in den Ballungsgebieten Tokio oder Bombay jeweils gegen 30 Millionen Menschen leben. In Asien und Afrika nimmt die Verstädterung stark zu. In Europa und Amerika ist sie schon Realität.
Quelle: Der Bund, 5. Juli 2000

Heiraten wenig attraktiv

Insgesamt 36 000 Eheschliessungen wurden 2001 registriert, 9.5 % weniger als im Vorjahr. Besonders ausgeprägt sei der Rückgang mit 14.5 % bei ledigen Schweizerinnen. Auch Ausländerinnen hätten sich mit einem Rückgang von 9.8 % deutlich weniger für eine Eheschliessung entschieden, gab das BFS bekannt. Der seit 1991 rückläufige Trend sei nur 1999 wegen des beliebten Heiratsdatums 9.9.99 unterbrochen worden.
Auch Kinderkriegen ist laut der Statistik weniger attraktiv. Im vergangenen Jahr sind 73 500 Kinder lebend geboren worden, 6.3 % weniger als im Jahr zuvor. Die hohe Abnahme sei einmalig seit Mitte der 70er-Jahre. Gründe seien die Abnahme der Anzahl Frauen im geburtsfähigen Alter, die geringere Attraktivität der Mutterschaft und der Trend zur Schwangerschaft in höherem Alter.

3.2　Suche zu einem Text im Internet aktuellere Daten.

---

1 **Zweierlei Behauptungen**

Existenz-Behauptungen sagen:	Es gibt ein Objekt mit einer bestimmten Eigenschaft.
Eine E-Behauptung ist zum Beispiel:	«Es gibt Rechtecke ohne Umkreis.»
All-Behauptungen sagen:	Alle bezeichneten Objekte haben eine bestimmte Eigenschaft.
Eine A-Behauptung ist zum Beispiel:	«Alle Rechtecke haben einen Umkreis.»

1.1 **A** Ordne die Beispiele I bis XIII im *mathbu.ch 9* nach E-Behauptungen und A-Behauptungen.

E _____

A _____

B Gib bei den Beispielen I bis VI an, auf welche Objekte sich die Behauptung bezieht und welches die behauptete Eigenschaft ist.

Beispiel	Objekt	Eigenschaft
I	Biber in der Schweiz	frei lebend
II		
III		
IV		
V		
VI		

1.2 **A** Markiere bei den folgenden Behauptungen I bis X, auf welche Objekte sich die Behauptung bezieht (rot) und welche Eigenschaft behauptet wird (blau).

B Welche Behauptungen hältst du für wahr? Markiere sie mit w.

Welche Behauptungen hältst du für falsch? Markiere sie mit f.

I «Es gibt Kubikzahlen, welche zugleich Quadratzahlen sind.»

II «Es gibt Kubikzahlen, welche zugleich Primzahlen sind.»

III «Es gibt 5er-Zahlen, die direkt zwischen zwei Primzahlen liegen.»

IV «Es gibt Quadratzahlen, die direkt zwischen zwei Primzahlen liegen.»

V «Es gibt Prismen mit doppelt so vielen Kanten wie Flächen.»

VI «Es gibt Pyramiden mit doppelt so vielen Kanten wie Flächen.»

VII «Alle Pyramiden haben gleich viele Ecken wie Flächen.»

VIII «Alle ebenen Schnitte eines Tetraeders ergeben Dreiecke oder Vierecke.»

IX «Alle ebenen Schnitte eines Würfels ergeben Dreiecke oder Vierecke.»

X «Alle ebenen Schnitte einer Kugel ergeben Kreise.»

2 Ein Beispiel genügt

Um eine E-Behauptung zu beweisen, genügt ein Beispiel.

Um eine A-Behauptung zu widerlegen, genügt ein Gegenbeispiel.

2.1 Wähle bei 1.2 eine E-Behauptung, die du für wahr hältst, und beweise sie durch ein Beispiel.

2.2 Wähle bei 1.2 eine A-Behauptung, die du für falsch hältst, und widerlege sie durch ein Gegenbeispiel.

2.3 Beweise die folgenden Behauptungen.

A Es gibt regelmässige Vielecke, mit denen man parkettieren kann.

B Es gibt Trapeze mit einem Umkreis.

C Es gibt Kubikzahlen mit einer ungeraden Anzahl Teiler.

D Es gibt Vierecke, die sich in zwei Hälften teilen lassen, welche zum Ganzen ähnlich sind.

2.4 Widerlege die folgenden Behauptungen.

A Man kann mit allen regelmässigen Vielecken parkettieren.

B Alle Trapeze haben einen Umkreis.

C Alle Kubikzahlen haben eine ungerade Anzahl Teiler.

D Man kann alle Vierecke in zwei Hälften teilen, welche zum Ganzen ähnlich sind.

2.5 Entscheide bei den folgenden Behauptungen, ob sie richtig oder falsch sind. Beweise oder widerlege diejenigen, bei denen ein Beispiel oder Gegenbeispiel genügt.

A Man kann mit allen Vierecken parkettieren.

B Es gibt Drachen mit einem Umkreis.

C Es gibt Quadratzahlen mit einer geraden Anzahl Teiler.

D Alle achsensymmetrischen Vierecke haben einen Inkreis oder einen Umkreis.

3 **Noch so viele Beispiele genügen nicht**

3.1 Die Behauptung «Es gibt Quadratzahlen mit einer geraden Anzahl Teiler» in Aufgabe 2.5 ist falsch. Aber dass man kein Beispiel findet, heisst ja nicht, dass keines existiert. Um zu zeigen, dass die Behauptung falsch ist, könnte man so vorgehen:

16 ist eine Quadratzahl. Sie hat die Teiler 1, 2, 4, 8, 16.

15 ist keine Quadratzahl. Sie hat die Teiler 1, 3, 5, 15.

A Untersuche in dieser Art weitere Zahlen.

B Die Teiler von 15 hängen paarweise zusammen: $1 \cdot 15 = 15$, $3 \cdot 5 = 15$,
Mache das Gleiche für 20, 30 und 36.

Was ist bei 36 anders?

C Begründe, warum Quadratzahlen immer eine ungerade Anzahl Teiler haben.

3.2 Was meinst du zu folgenden Behauptungen?

A Die Differenz von zwei aufeinander folgenden Quadratzahlen ist immer ungerade.

B Die Differenz von zwei aufeinander folgenden Kubikzahlen ist immer ungerade.

C Die Differenz von zwei aufeinander folgenden Primzahlen grösser als 3 ist immer gerade.

3.3 Was meinst du zu folgenden Behauptungen?

A Jedes Produkt von zwei aufeinander folgenden Zahlen ist durch 2 teilbar.

B Jedes Produkt von drei aufeinander folgenden Zahlen ist durch 6 teilbar.

C Jedes Produkt von vier aufeinander folgenden Zahlen ist durch 24 teilbar.

1 **Miniroulette mit 9 Zahlen**

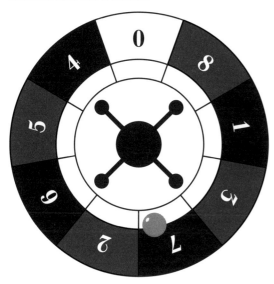

Bei einem Gewinn wird der Wetteinsatz

verdoppelt, wenn auf gerade, ungerade, rot oder schwarz gesetzt wurde,

vervierfacht, wenn auf (1, 2), (3, 4), (5, 6) oder (7, 8) gesetzt wurde,

verachtfacht, wenn auf eine Zahl gesetzt wurde.

1.1 Auf jedem Wettfeld liegt genau ein Chip.

    A Die Kugel rollt auf die 0. Wie viel gewinnt die Bank?

    B Die Kugel rollt auf die 1. Wie viel gewinnt die Bank?

    C Die Kugel rollt auf eine andere Zahl. Wie viel gewinnt jeweils die Bank?

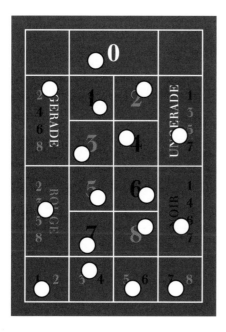

1.2 Es liegt je ein Chip auf rot und gerade.

    A Bei welchen Zahlen gewinnen beide Wetten?

    B Bei welchen Zahlen gewinnt und verliert genau eine der beiden Wetten?

    C Bei welchen Zahlen verlieren beide Wetten?

    D Bestimme für das Ereignis in A, B und C jeweils die Wahrscheinlichkeit.

1.3 Jemand setzt drei Chips: je einen Chip auf «gerade», auf die Zahl 4 und auf «rouge». Wenn die 0 gezogen wird, gehen alle drei Chips verloren (siehe Tabelle).

A Vervollständige die Tabelle.

Gezogene Zahl	0	1	2	3	4	5	6	7	8
Gewinn/Verlust	−3	−3	+1						

B Gewinnt oder verliert diese Person bei sehr vielen Spielen mit ihren Wetten?

1.4 Verteile wie in 1.3 einige Chips auf verschiedene Wetten. Vervollständige dann die Tabelle.

Jemand setzt _____ Chips: Je einen Chip auf _____

Gezogene Zahl	0	1	2	3	4	5	6	7	8
Gewinn/Verlust									

2 Zufallszahlen

Diese Tabelle wurde Ziffer für Ziffer mit Microsoft Excel erstellt. Eine mögliche Formel für die Erzeugung solcher «Zufallszahlen» lautet «= GANZZAHL(9*ZUFALLSZAHL())»

Jede der 450 Ziffern entspricht einer Gewinnzahl aus einem Spiel Miniroulette. Die Leerzeichen nach 5 Ziffern dienen der besseren Übersicht.

54841	62336	78884	42024	10773	73310	25404	58060	86472	27012
20071	58631	62540	56336	51511	42068	07108	86426	12806	04688
13256	02380	34528	20206	57686	23723	73451	04228	02174	82038
22735	02388	71613	31230	37362	04267	02541	67304	64463	48348
60274	72181	50017	68652	10736	16483	53310	23108	36804	55331
56035	16185	58064	01705	57471	82044	40671	80036	81853	17708
65112	32756	63268	20475	21311	27075	70476	44627	13471	54323
74635	46073	56852	52254	15113	56444	36844	83083	68130	51634
65835	**83303**	**75785**	**43167**	**73731**	**76056**	**55730**	**06564**	30582	03602

2.1 Man stelle sich vor, dass die Kugel in 36 Spielen auf die in der Tabelle hervorgehobenen Zahlen gefallen ist. Das bedeutet zum Beispiel, dass die Kugel achtmal auf der Zahl 3 stehen geblieben ist. Wie viel hätte jemand gewonnen/verloren, der 36-mal einen Chip auf

A die Zahl 3,

B die Zahl 8,

C auf «gerade» setzte?

2.2 In den 450 Ziehungen wurden die einzelnen Zahlen unterschiedlich häufig gezogen.

0: 56-mal   1: 47-mal   2: 48-mal   3: 60-mal   4: 48-mal

5: 48-mal   6: 54-mal   7: 44-mal   8: 45-mal

Jemand hat 450-mal einen Chip auf «rot» gesetzt und dabei 49 Chips verloren.

Suche weitere solche Beispiele.

2.3 Simuliert in einer Gruppe 450 Ziehungen und zählt aus, wie oft die einzelnen Zahlen gezogen wurden. (Die Simulation kann z. B. mit einer Tabellenkalkulation erfolgen.)

Mit welchem Wettverhalten könnte man bei euren Ziehungen gewinnen, mit welchem verlieren?

Gibt es beim Miniroulette überhaupt eine Gewinnstrategie?

3 **Französisches Roulette mit 37 Zahlen**

3.1 Wahr oder falsch?

A Die Wahrscheinlichkeit, dass rot fällt, ist jeweils $\frac{18}{37} \approx 48.65\,\%$.

B Die Wahrscheinlichkeit, dass die Zéro (0) fällt, ist $\frac{1}{37} \approx 2.7\,\%$.

C Wenn bereits zehnmal rot gefallen ist, ist die Wahrscheinlichkeit grösser, dass im nächsten Spiel schwarz fällt, als dass wieder rot fällt.

D Profis kennen eine sichere Gewinnstrategie.

E Wenn man je einen Chip auf gerade, auf ungerade und auf 0 setzt, ist das gleichbedeutend mit dem Setzen von nur einem Chip auf die 0.

F Alle Zahlen haben die gleiche Wahrscheinlichkeit, getroffen zu werden.

G Bei sehr vielen Spielen (> 10 000) ist es sicher, dass jede Zahl mehrere Male kommt.

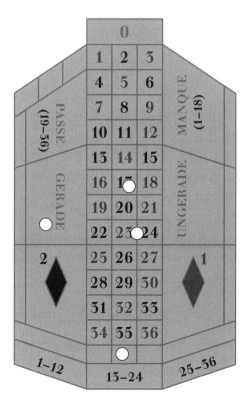

3.2 Aus einem Spielprotokoll

Spielrunde	1	2	3	4	5	6	7	8	9	10	11	12
Gewettet auf	rot	rot	rot	rot	rot	rot	rot	rot	rot	rot	rot	rot
Einsatz	1	1	2	4	1	1	2	4	8	16	32	1
Ergebnis	rot	schw	schw	rot	rot	schw	schw	schw	schw	schw	rot	rot
Gewinn/Verlust pro Spielrunde	+ 1	− 1	− 2	+ 4	+ 1	− 1	− 2	− 4	− 8	− 16	+ 32	+ 1
Gewinn/Verlust total	+ 1 = 1	+ 1 − 1 = 0	0 − 2 = − 2	− 2 + 4 = 2	+ 2 + 1 = 3	+ 3 − 1 = 2	0	− 4	− 12	− 28	+ 4	+ 5

A Erkläre aufgrund der Tabelle die Strategie des Spielers.

B Wie viele Chips setzt der Spieler mit dieser Strategie, wenn vier-, acht-, zehnmal hintereinander schwarz fällt?

C Wie verhält sich der Spieler, wenn die Zahl «0» fällt?

D Wie oft hintereinander kann der Spieler verdoppeln, wenn der Mindesteinsatz 5 EUR und der Höchsteinsatz 10 000 EUR ist?

E Im Casino von Monte Carlo liegt der Rekord bei 52-mal schwarz in Folge…. und falls da jemand auf rot gesetzt hat und den Einsatz immer verdoppelte?

F Weshalb funktioniert diese Gewinnstrategie nicht immer?

3.3 Jemand setzt in einer Spielrunde vier Chips: Je einen Chip auf «7» (36-facher Gewinn), «Schwarz» (doppelter Gewinn), die dritte Spalte (3, 6, 9, … 36) mit zwölf Zahlen (3-facher Gewinn), 17 oder 20 (18-facher Gewinn).

A Berechne Gewinn oder Verlust, wenn 33 (schwarz) fällt.

B Berechne Gewinn oder Verlust, wenn 14 (rot) fällt.

C Bei welchen Zahlen gehen alle vier Chips verloren?

D Welche Zahl ergibt den maximalen Gewinn?

3.4 Setze vier Chips auf vier verschiedene Wetten. Stelle damit Berechnungen wie in Aufgabe 3.3 an.

1 Vermehrung

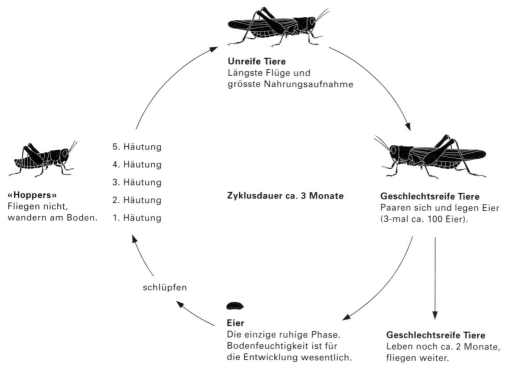

Unreife Tiere
Längste Flüge und
grösste Nahrungsaufnahme

5. Häutung
4. Häutung
3. Häutung
2. Häutung
1. Häutung

«Hoppers»
Fliegen nicht,
wandern am Boden.

Zyklusdauer ca. 3 Monate

Geschlechtsreife Tiere
Paaren sich und legen Eier
(3-mal ca. 100 Eier).

schlüpfen

Eier
Die einzige ruhige Phase.
Bodenfeuchtigkeit ist für
die Entwicklung wesentlich.

Geschlechtsreife Tiere
Leben noch ca. 2 Monate,
fliegen weiter.

1.1 Wie viele Generationen sind in einem Jahr zu erwarten?

1.2 **A** Wie viele Tiere könnten bei sehr günstigen Bedingungen in einem Jahr aus 1 000 Einzeltieren, wovon 500 Weibchen sind, entstehen?

B Ein Tier wiegt ca. 2 g. Wie schwer etwa sind alle Tiere zusammen?

2 Gefrässige Tiere

2.1 Ein sehr kleiner Schwarm Heuschrecken (500 000 Tiere) wiegt ca. eine Tonne. Dieser Schwarm frisst in einem Tag etwa 1 Tonne Grünfutter. Das ist gleich viel Nahrung, wie 10 Elefanten, 25 Kamele oder 250 Menschen in einem Tag benötigen. 20 000 Heuschrecken fressen daher etwa gleich viel wie ein Kamel.
Finde mindestens drei weitere solche Vergleiche.

2.2 Mache dir eigene Gedanken über einen grossen Schwarm afrikanischer Wanderheuschrecken, der an einem Tag 80 000 Tonnen Nahrung verschlingt.

2.3 Eine Heuschrecke ist etwa 7 cm lang und wiegt 2 g.
Sie besteht zu ca. 50 % aus Wasser, zu ca. 32 % aus Proteinen, zu ca. 9 % aus Fett sowie aus verschiedenen Mineralien. Eine Heuschrecke hat einen Nährwert von ca. 20 kJ.
In Ländern der Sahelzone werden Heuschrecken gerne gegessen. Im Internet kann man entsprechende Rezepte finden.

A Wie viele Heuschrecken müsstest du essen, um deinen gesamten Energiebedarf von ca. 10 000 kJ/Tag zu decken?

B Wie viele Menschen könnten einen Tag lang von dem sehr kleinen Schwarm mit einer Tonne Gesamtgewicht satt werden?

2.4 Aus dem «Guinness Book of Records» (1999)
Nordamerikanische Heuschrecken benötigen verglichen mit den Wanderheuschrecken Afrikas nur etwa den vierten Teil der Nahrung. Weil sie aber sehr grosse Schwärme bilden, sind sie dennoch äusserst gefährlich.
Der grösste beobachtete Schwarm bedeckte auf seinem Flug über den Staat Nebraska (USA) im Jahre 1874 eine Fläche von 514 km². Der Schwarm bestand aus ca. 12 Billionen Insekten und wog ca. 25 Mio. Tonnen.
Vergleiche die beiden Heuschreckenarten.

3   Geschwindigkeit von Schwärmen

Die zwei spektakulärsten Schwarmbewegungen in diesem Jahrhundert gab es 1954 und 1988.

1954: Marokko – England in ca. 10 Tagen

1988: Westafrika – Karibik in ca. 10 Tagen

3.1   Bestimme mit Hilfe eines Atlanten die täglich ungefähr zurückgelegte Distanz jedes Schwarmes.

3.2   Der linke Graph zeigt, welche Distanz die Heuschrecken zurückgelegt haben, die der roten Route (siehe Karte im *mathbu.ch 9)* gefolgt sind.

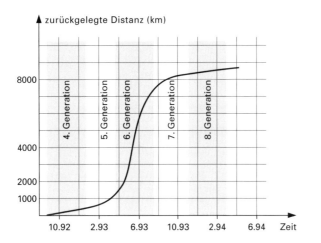   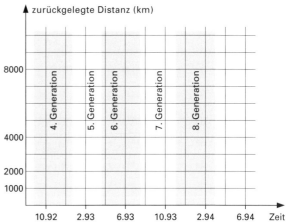

A   Wann hat sich der Schwarm schnell bewegt, wann langsam? Vergleiche mit der Karte.

B   Nimm an, dass sich der Schwarm regelmässig mit 15 km/Tag bewegt. Zeichne dazu einen Graphen. Benutze das Koordinatensystem oben rechts.

3.3   In den 6 Monaten zwischen August 1992 und Februar 1993 legten die Heuschrecken ca. 800 km zurück. Das entspricht einer Distanz von ca. 5 km/Tag.

A   Zeichne einen ungefähren Graphen in das Koordinatensystem für die Geschwindigkeit des Schwarmes auf der roten Route.

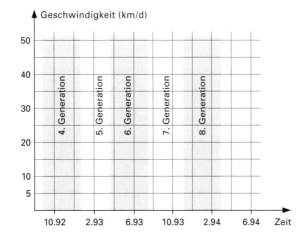

B   Weshalb bewegt sich ein Schwarm nicht immer gleich schnell?

C   Wann würde sich ein Schwarm wohl mit maximaler Geschwindigkeit bewegen?

Die meisten Masszahlen, mit denen man im Alltag zu tun hat, sind Näherungen.

Beispiele:

1. Eine Türbreite wird mit dem Rollmeter gemessen. Man misst 82.6 cm. In diesem Zusammenhang spricht man von «3 gültigen Ziffern». Hinter der Ziffer «6» stecken die Millimeter. Hier besteht eine Unsicherheit. Man hat sich beim Ablesen entscheiden müssen, ob es eher 826 als 825 oder 827 mm waren. Man kann auch sagen: Die dritte Ziffer ist gerundet.

2. Die Angabe eines Wertes mit b = 85 cm (auf Zentimeter genau) interpretiert man wie folgt:
   84.5 cm < b < 85.5 cm (2 gültige Ziffern).

3. Die Angabe «Fläche der Schweiz = 41 000 km²» (auf tausend Quadratkilometer genau) interpretiert man wie folgt:
   Die Fläche liegt zwischen 40 500 und 41 500 km² (2 gültige Ziffern).

---

1 A Die 100-Meter-Weltrekordzeit (August 2002) von 9.78 Sekunden ist ebenfalls auf die letzte Ziffer gerundet. Was bedeutet das?

B Es ist noch nicht lange her, dass der Weltrekord bei 9.80 Sekunden lag. Was bedeutet das?

C Die beste Zeit eines Achtklässlers einer Schule im 80-m-Lauf wurde von Hand mit 9.8 Sekunden gestoppt. Was bedeutet das?

D Die Höhe einer Tür wird mit 231.0 cm angegeben. Was bedeutet das?

Faustregel für Punktrechnung

Wenn eine Punktrechnung mit Näherungswerten durchgeführt wird, dann soll das Ergebnis nur so viele Ziffern enthalten wie der Messfaktor mit den wenigsten gültigen Ziffern.

---

2 Ein Rechteck wird vermessen. Seine Breite wird mit 2.31 m und seine Länge mit 9.6 m angegeben.

A Berechne die Fläche mit einer Doppelrechnung.

B Vergleiche das Ergebnis mit der Faustregel! Was stellst du fest?

C Berechne den Umfang des Rechtecks mit einer Doppelrechnung.

---

3 Bei verschiedenen Kreisflächen wird der Durchmesser gemessen. Bestimme jeweils den Umfang und die Fläche. Berechne bei der Fläche auch den relativen Fehler.

A Verkehrskreisel: d = 8 m

B Gartenbeet: d = 8.0 m

C Spielfeldmarkierung: d = 8.00 m

D Präzisionsschiene: d = 8.000 m

4 Bei einem Fahrrad beträgt der Durchmesser des Rades mit Bereifung 63 cm.

    A Wie viele Umdrehungen macht das Vorderrad auf einer Strecke von 10.25 km?

    B Welche Strecke legt man zurück, wenn das Vorderrad neun Umdrehungen macht?

5 Ein unregelmässig geformter Stein zeigt auf der Waage 20.48 g an. Man kann seine Dichte mit den Methoden I und II bestimmen.

Methode I

Beim Eintauchen in einen Messzylinder steigt der Wasserspiegel um etwa 8.5 cm^3.

Methode II

Der in Wasser vollständig eingetauchte Stein wiegt scheinbar nur noch 11.76 g. Der «Gewichtsverlust» ist so gross wie das Gewicht der verdrängten Flüssigkeit.

    A Bestimme in beiden Fällen die Dichte des Steins mit der «je richtigen Genauigkeit».

    B Gib in beiden Fällen auch den relativen Fehler für die Dichte an!

6 Ein Aluminium-Zylinder wird mit dem Geodreieck ausgemessen. Er ist 34 mm hoch und hat einen Durchmesser von 21 mm. Er wird mit einer Waage gewogen. Sie zeigt 31.9 g an.

    A Überlege, wie der grösste und wie der kleinste Dichtewert zustande kommt, und bestimme dann die Dichte durch Doppelrechnung.

    B In der Aufgabe A hast du die Dichte mit Doppelrechnung bestimmt. Du kennst damit auch den absoluten Fehler. Wie gross ist der relative Fehler, mit dem die Dichte bestimmt wurde?

7 Ein Graben ist 236 m lang. Er soll eine Tiefe zwischen 1.7 und 1.8 m aufweisen. Seine Breite muss 1.25 m (± 0.05 m) sein. Das ausgehobene Material hat vermutlich eine Dichte zwischen 1.5 und 2.5 $\frac{t}{m^3}$.

Die Lastwagen, die das Material abtransportieren, sind für eine Nutzlast von 8.0 t zugelassen.

Wie viele Fuhren sind zu kalkulieren?

1 **Verschiedene Zylinder**

1.1 Rollende Zylinder legen eine bestimmte Spur zurück. Einmal rundum gedreht hat die Spur die Form eines Rechtecks.

Stell dir die Grösse der Rechtecke vor und entscheide, zu welchen Gegenständen sie gehören.

A Das Rechteck misst a = 26 cm, b = 4 cm

B Das Rechteck misst a = 18.5 cm, b = 1.5 cm

C Das Rechteck misst a = 8.5 cm, b = 6 cm

D Das Rechteck misst a = 23 cm, b = 10 cm

E Das Rechteck misst a = 30 cm, b = 17 cm

F Das Rechteck misst a = 20 cm, b = 12 cm

Schokoladenpulver, Tomatenbüchse, kleine Thunfischbüchse, Streuwürze, Klebestreifenrolle, Leimstift

1.2 Volumen berechnen

Um Konservenbüchsen kleben Etiketten. Wähle aus den Rechtecken bei Aufgabe 1.1 zwei Etikettengrössen aus und berechne dazu das Volumen der passenden Büchsen. Es gibt zwei Möglichkeiten. Entscheide anhand der Fotos.

1.3 Klebestreifen

Miss an einem ungebrauchten Röllchen Klebestreifen die nötigen Masse, um

A – die Dicke des Klebebandes zu schätzen. Beschreibe dein Vorgehen.

B – die Länge des aufgerollten Klebebandes zu berechnen. Beschreibe dein Vorgehen.

1.4 Büchsenetiketten

Die Etiketten sind im Massstab 1 : 4 gezeichnet.

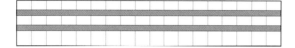 

 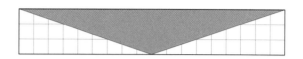

A Für die Büchsen stehen vier verschiedene Etiketten zur Verfügung. Zeichne in Originalgrösse zwei der Etiketten von vorne.

B Vergleiche das Bild der Etikette, wenn sie flach gelegt ist oder wenn sie an der Büchse von vorne betrachtet wird. Was sieht bei der Etikette anders aus? Betrachte Distanzen und Abstände.

_____

_____

_____

_____

2 **Kegel formen und berechnen**

2.1 Kegel formen

A Schneide aus Papier einen Kreis mit r = 10 cm.

B Teile ihn wie gezeichnet in zwölf gleich grosse Teile (Sektoren) ein.

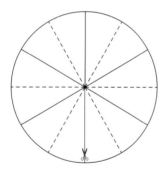

C Schneide den Kreis bis in die Mitte ein und forme daraus einen Kegel. Schiebe den Kreis links und rechts des Schnittes nach und nach übereinander und beobachte.

Wie verändern sich Grundfläche und Höhe des Kegels, wenn du immer mehr Sektoren übereinander schiebst?

_____

_____

_____

_____

2.2 Kreissektoren

Der Kreis in Aufgabe 2.1 ist in zwölf Sektoren eingeteilt. Der Zentriwinkel eines Sektors misst 30°.

A Wie gross ist der Zentriwinkel des Kegelmantels, wenn das Papier überall doppelt liegt?

B Wie gross ist der Zentriwinkel des Kegelmantels, wenn das Papier überall dreifach liegt?

2.3 Forme aus einem Kreis mit Radius s = 10 cm einen Kegel. Das Papier liegt überall doppelt.

A Wie gross ist der Zentriwinkel?

B Wie gross ist r?

C Wie gross ist der Umfang der Kegelgrundfläche?

D Wie hoch ist der Kegel?

E Wie gross ist das Volumen des Kegels?

2.4 Bilde aus einem Drittel des Kreises r = 10 cm einen Kegel.

A Wie gross ist der Zentriwinkel?

B Wie gross ist s?

C Wie gross ist r?

D Wie gross ist h?

E Wie gross ist das Volumen des Kegels?

2.5 Bilde aus einem Viertel des Kreises r = 10 cm einen Kegel.

   A Berechne die Höhe des Kegels.

   B Berechne sein Volumen.

2.6 Forme aus dem Kreis d = 10 cm einen Kegel. Das Papier liegt überall doppelt.

   A Wie gross ist der Zentriwinkel?

   B Wie gross ist s?

   C Wie gross ist der Umfang der Kegelgrundfläche?

   D Wie gross ist der Radius der Grundfläche?

   E Wie hoch ist der Kegel?

   F Wie gross ist das Volumen des Kegels.

2.7 Vergleiche die Ergebnisse der Aufgaben 2.3 und 2.6.
Wie verändern sich die Werte des Kegels, wenn der Kreisradius nur halb so gross ist?

2.8 Veränderungen des Kegels in Aufgabe 2.1 C systematisch untersuchen

Arbeitet mit dem Papierkreis, den ihr in Aufgabe 2.1 hergestellt habt (r = 10 cm). Schiebt die aufgezeichneten Sektoren immer weiter übereinander. Bestimmt jeweils entsprechende Grössen und tragt sie in der Tabelle ein. Vervollständigt die Tabelle mit entsprechenden Berechnungen. Diese könnt ihr auch mit einer Excel-Tabelle durchführen.

Masse in cm

Über-lappung	Bruchteil der Kreisfläche	Zentriwinkel des Kegel-mantels	Umfang des Kegels [cm]	Radius der Grundfläche des Kegels [cm]	Grundfläche des Kegels [cm²]	Höhe des Kegels [cm]	Volumen des Kegels [cm³]	Mantel des Kegels [cm²]	Oberfläche des Kegels [cm²]
$\frac{1}{12}$	$\frac{11}{12}$	330°	57.6	9.2	264	4	352	288	552
$\frac{2}{12}$	$\frac{10}{12}$								
$\frac{3}{12}$									
$\frac{6}{12}$									
$\frac{12}{12}$									

Analysiert die Daten in der Tabelle.

Wie verändern sich die einzelnen Werte (z. B. Höhe, Volumen, Oberfläche) mit zunehmendem Zentriwinkel?

Verfasst einen kurzen Bericht.

Betrachte den Kegel, der aus einem Halbkreis gebildet wird. Sein Umfang ist halb so gross wie der Umfang des ausgeschnittenen Kreises. Warum ist das so?

Begründe, warum das Volumen eines Kegels mit halbem Kreisradius nicht halb so gross ist.

1 Volumen – Gewicht

1.1 A Ergänze die fehlenden Zahlen auf der Messbecherskala (CCM steht für cm³).

B Wie gross wäre der Durchmesser eines zylinderförmigen Messbechers mit diesen Skalen?

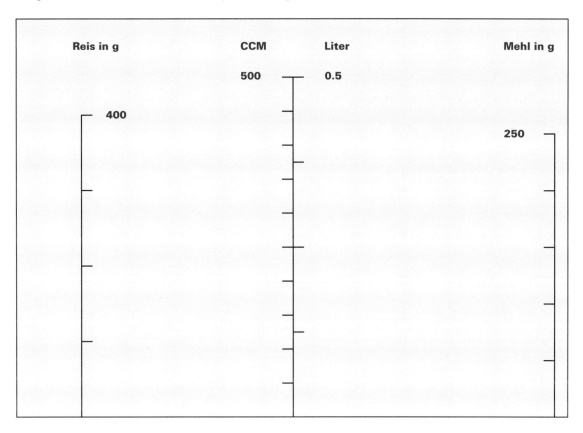

1.2 Berechne die Höhen der Messmarken.

	Grundfläche des Bechers	Marke für 1 Liter	Marke für 250 cm³	Marke für 200 g Mehl	Marke für 200 g Reis
Becherdurchmesser 10 cm					
Becherdurchmesser 15 cm					
Becherdurchmesser 20 cm					

2 Tabelle – Grafik

2.1 A Berechne von unterschiedlich grossen Bechern die Höhe der 1-Liter-Marke und die Höhe der 500-ml-Marke.

Durchmesser	Grundfläche	Höhe der 1-Liter-Marke	Höhe der 500-ml-Marke
4 cm			
8 cm			
	10 cm²		
	40 cm²		
		10 cm	
			10 cm

B Beschreibe allgemein: Wie gross ist der Markenabstand, wenn der Durchmesser viermal so gross ist?

C Wie gross ist der Becherdurchmesser, wenn der Markenabstand viermal grösser ist?

D Zeichne den Graphen für die 1-Liter-Marke.

E Zeichne den Graphen für die 500-ml-Marke.

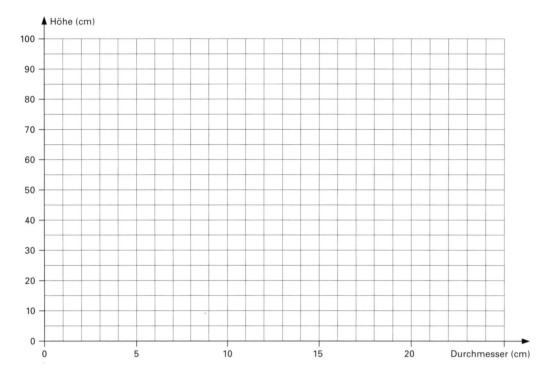

2.2 Auf einem Becher sind die Gewichtsangaben von Gries, Zucker, Kakao und Haferflocken eingetragen.

Die Marke «750 g Zucker» ist auf gleicher Höhe wie die Marke «$\frac{3}{4}$ Liter».

Die Marke «750 g Zucker» liegt auf gleicher Höhe wie die Marke «600 g Reis».

Die Marke «400 g Mehl» liegt auf gleicher Höhe wie die Marke «600 g Reis».

Die Marke «700 g Zucker» liegt auf gleicher Höhe wie die Marke «300 g Haferflocken».

Die Marke «100 g Gries» liegt auf gleicher Höhe wie die Marke «$\frac{1}{8}$ Liter».

Berechne die Tabelle.

	Volumen von 1 kg	1 dm³ wiegt
Zucker		
Gries		
Reis		
Mehl		
Haferflocken		

3　Dichte

3.1　Berechne das Gewicht von Würfeln mit der Seitenlänge 2 cm.

A　Tannenwürfel

_____

B　Buchenwürfel

_____

C　Eichenwürfel

_____

D　Korkwürfel

_____

E　Goldwürfel

_____

Stoff/Material	Dichte $\frac{g}{cm^3}$
Aluminium	2.7
Blei	11.35
Eisen	7.86
Gold	19.3
Silber	10.5
Platin	21.5
Eis bei 0 °C	0.917
Fensterglas	2.6
Holz (Buche)	0.7
Holz (Eiche)	0.9
Holz (Tanne)	0.5
Kork	0.3
Marmor	2.7
Paraffin	0.9
Porzellan	2.3
Quarzglas	2.2
Wachs	0.96
Zucker	1.6
Benzin	0.7–0.8
Brennsprit	0.8
Glycerin	1.26
Quecksilber	13.55
Wasser	0.998
Olivenöl	0.91

3.2　Ein Würfel ist ein Kilogramm schwer.

Wie gross ist die Seitenlänge dieses Würfels,

A　wenn er aus Marmor ist?

_____

B　wenn er aus Eisen ist?

_____

C　wenn er aus Kork ist?

_____

_____

3.3　Vergleiche die Dichte des Zuckers nach der Messbecherskala mit der Dichte des Zuckers in der Tabelle.
Lässt sich dieser Unterschied erklären?

_____

_____

3.4　Erfindet zu jeder der drei Situationen A, B und C eine Aufgabe und löst sie.
Tauscht die Aufgaben ohne die Lösungen gegenseitig aus.
Ordnet die einzelnen Aufgaben den Situationen A, B oder C zu.
Berechnet und vergleicht.

A	B	C
Wenn die Dichte und das Volumen eines Stoffes bekannt sind, kann man das Gewicht berechnen.	Wenn die Dichte und das Gewicht eines Stoffes bekannt sind, kann man das Volumen berechnen.	Wenn das Volumen und das Gewicht eines Stoffes bekannt sind, kann man die Dichte berechnen.

4 Mischen

Wie wird aus einem Maiskorn eigentlich Popcorn?

Im Inneren eines Maiskorns befindet sich neben Stärke auch Wasser. Die Erhitzung des Maiskorns bringt dieses Wasser zum Kochen. Der Druck des entstehenden Dampfs lässt die harte Schale des Maiskorns platzen. Die Maisstärke wird aufgebläht und es entsteht ein Popcorn.

Warum poppen nicht alle Maiskörner im Topf?

Es gibt zwei unterschiedliche Fälle:

– Ungefähr 3 % der Maiskörner haben kleine, fast unsichtbare Risse in der Schale. Dadurch kann der Wasserdampf bei der Erhitzung frühzeitig entweichen und die Maisstärke wird somit nicht zum Aufblähen gebracht.

– Wenn man die Maiskörner zu lange oder falsch lagert, trocknen sie aus.

Bei der Herstellung von Popcorn vergrössert sich das Volumen des Korns etwa um den Faktor 30.

4.1 **A** Wie viel Volumen nehmen 500 g Körner ein,

wenn nur 75 % der Körner aufspringen?

wenn 90 % der Körner aufspringen?

wenn 3 % der Körner nicht aufspringen?

Körner			Pops			Volumen der Mischung	
in %	in g	in cm³	in %	in g	in cm³	in cm³	$\frac{g}{cm^3}$
100	500	500	0	0	0		
0	0	0	100	500	15 000		
			75				
			90				

B Reicht eine grosse Pfanne mit acht Litern Inhalt aus, um 500 g Popcorn herzustellen?

4.2 Sirup mischen

Ein Liter Sirup unverdünnt wiegt 1.4 kg.

Die Angabe 5:1 in der untenstehenden Tabelle bedeutet:

5 Volumenanteile Sirup und ein Volumenanteil Wasser werden gemischt.

Berechne die fehlenden Angaben in der Tabelle.

Verhältnis Sirup: Wasser	Sirup unverdünnt			Wasser			Sirupmischung			Dichte
	Anteile	in g	in cm³	Anteile	in g	in cm³	Anteile	in g	in cm³	$\frac{kg}{dm^3}$
1 : 0 1 Teil Sirup, 0 Teile Wasser	1 Teil	1 400	1 000	0 Teile	0	0	1 Teil	1 400	1 000	1.4
5 : 1 5 Teile Sirup, 1 Teil Wasser	5 Teile			1 Teil			6 Teile		1 000	
4 : 1 4 Teile Sirup, 1 Teil Wasser									1 000	
3 : 1 3 Teile Sirup, 1 Teil Wasser									1 000	
2 : 1									1 000	
1 : 1									1 000	
eigene Mischung										

4.3 **A** Welche Dichte kann Sirupmischung höchstens haben?

B Welche Dichte kann Sirupmischung mindestens haben?

1 **Lohnabrechnung (KV-Lehre)**

Nr.	Beschreibung	Menge	Ansatz	Betrag
1010	Monatsgehalt			600.00
4860	Wegentschädigung			20.00
5000	Bruttolohn			620.00
5100	AHV/IV/EO- Beitrag	620.00	5.0500%	31.30
5110	ALV1-Beitrag	620.00	1.2500%	7.75
5150	NBUV-Prämie	620.00	1.700%	10.55
6000	Nettolohn			570.40
6930	Auszahlung Bank			570.40

NBUV: Nichtbetriebsunfallversicherung

A Wie viele Prozent macht der Nettolohn vom Bruttolohn aus?

B Ergänze die beiden Lohnabrechnungen.

Nr.	Beschreibung	Menge	Ansatz	Betrag
1010	Monatsgehalt			
4860	Wegentschädigung			40.00
5000	Bruttolohn			800.00
5100	AHV/IV/EO- Beitrag		5.0500%	
5110	ALV1-Beitrag		1.2500%	
5150	NBUV-Prämie		1.700%	
6000	Nettolohn			
6930	Auszahlung Bank			

Nr.	Beschreibung	Menge	Ansatz	Betrag
1010	Monatsgehalt			
4860	Wegentschädigung			0.00
5000	Bruttolohn			
5100	AHV/IV/EO-Beitrag		5.0500%	
5110	ALV1-Beitrag		1.2500%	
5150	NBUV-Prämie		1.700%	
6000	Nettolohn			625.60
6930	Auszahlung Bank			625.60

C Der jährliche Mindestbeitrag an die AHV beträgt CHF 353.00 (Arbeitnehmerbeitrag: 4.2%, Arbeitgeberbeitrag: 4.2%). Wie viel muss man mindestens jährlich verdienen, damit dieser Beitrag durch die Abzüge des Bruttolohnes gedeckt ist?

2 **AHV**

Alle Arbeitenden bezahlen nach Massgabe ihres Verdienstes Beiträge an die AHV. Das ergibt eine grosse Menge Geld. Pensionierte oder Hinterbliebene erhalten Beiträge der AHV. Auch dies ist viel Geld. Es ist nicht selbstverständlich, dass sich Eingaben und Ausgaben die Waage halten.

In Millionen Franken	1990		1995		1998		2000		2001	
Total Einnahmen	20 355	100 %	24 512	100 %	25 321	100 %	28 792	100 %	29 620	100 %
Beiträge Versicherte und Arbeitgeber[1]	16 029		18 646		19 002		20 482		21 601	
Beiträge des Staates[2]	3 666		4 809		5 343		7 417		7 750	
Übrige Einnahmen	660		1 057		976		893		270	
Total Ausgaben	18 328		24 503		26 715		27 722		29 081	
Sozialleistungen	18 269		24 416		26 617		27 627		28 980	
Verwaltungskosten	58		87		98		94		101	
Rechnungssaldo	2 027									

[1] Die Beiträge für die AHV zahlen Arbeitnehmer und Arbeitgeber zu gleichen Teilen.
[2] Zur Finanzierung der AHV wird seit 1999 ein Mehrwertsteuerprozent erhoben und seit April 2000 gibt es eine Spielbankenabgabe.

2.1 Tabelle untersuchen

A Berechne die in der Tabelle fehlenden Rechnungssaldi. Beschreibe die Entwicklung. Wie könnte sie weitergehen?

B Wie verändern sich im Laufe der Jahre die Beiträge der Arbeitnehmer und der Arbeitgeber? Wie verändern sich die Ausgaben der AHV?

C Wahr oder falsch?

    I Die Verwaltungskosten haben von Jahr zu Jahr zugenommen.

    II Die Verwaltungskosten liegen in jedem Jahr unter 0.5 % der Ausgaben.

    III Die Beiträge des Staates haben sich von 1990 bis 2001 nahezu verdoppelt.

D Formuliert weitere Aussagen «wahr oder falsch?». Tauscht sie zur Überprüfung untereinander aus.

2.2 Die Ausgaben der AHV werden grösser – die Einnahmen nehmen nicht im gleichen Mass zu.

Ein Vorschlag, das Gleichgewicht zwischen Einnahmen und Ausgaben zu halten:

Der Arbeitgeber- und der Arbeitnehmerbeitrag werden um 0.5 % erhöht. Die Abgabe des Arbeitnehmers würde neu 5.1 % betragen.

A Wie viele Franken müsste ein Jugendlicher in der Ausbildung mit CHF 600.00 Bruttolohn im Monat mehr abgeben?

B Wie viele Franken müsste eine höhere Angestellte mit CHF 10 000.00 Bruttolohn im Monat mehr abgeben?

C Um wie viele Millionen würden die Gesamteinnahmen der AHV steigen?

2.3 Überlegt euch weitere Vorschläge und diskutiert deren Vor- und Nachteile.

3 **Aktien: Die Entwicklung der Nestlé-Aktie**

Der Preis pro Aktie verändert sich täglich entsprechend dem Börsengang. In der Zeitung und den folgenden Grafiken kannst du die Preisentwicklung einer Nestlé-Aktie verfolgen.

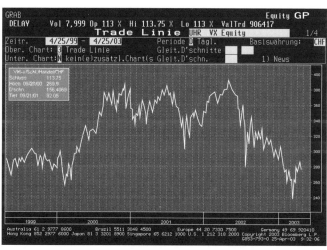

3.1 Nestlé aktuell

A Finde heraus, wo sich der Firmensitz von Nestlé befindet und was das Unternehmen produziert.

B Entnimm aus der Tageszeitung den aktuellen Preis der Nestlé-Aktie.

3.2 Begründe jeweils mit den Daten aus der Grafik. Welchen Ausschnitt der Grafik würdest du zeigen, wenn du jemanden überzeugen möchtest,

    A ... Nestlé-Aktien zu kaufen,

    B ... keine Nestlé-Aktien zu kaufen?

3.3 Wie viel Gewinn oder Verlust gab es absolut und prozentual,

    A wenn die Aktie im Februar 1993 gekauft und im Februar 2003 verkauft wurde?

    B wenn die Aktie im April 2002 gekauft und im April 2003 verkauft wurde?

3.4 Aktien kaufen und wieder verkaufen

    A In welcher Zeitspanne gab es den grössten Gewinn?

    B In welcher Zeitspanne gab es den grössten Verlust?

3.5 Vergleich: Bankkonto – Aktie

Ein bestimmter Betrag wird entweder in eine Aktie investiert oder auf ein Bankkonto mit 2 % Zins gelegt.

Vergleiche den Ertrag von Aktie und Bankkonto.

    A Vom 01.01.2000 bis 31.12.2000

    B Vom 01.01.2000 bis 31.12.2002

    C Vom 10.01.2003 bis 10.03.2003

1 **Leasingraten-Rechner**

1.1 Vergleiche mit den Angaben zu Leasing im *mathbu.ch 9*.

	A	B	C	D	E	F
1	Katalogpreis	3 295.00				
2	Jahreszins	0.12				
3	Monatsrate	242.00				
4						
5	Zeitraum	Schuld am Anfang des Monats	Zins für den laufenden Monat vor der Ratenzahlung	Schuld am Ende des Monats mit Zinsen,	Rate am Ende des Monats	Schuld am Ende des Monats nach der Ratenzahlung
6	1. Monat	= 0.9*\$B\$1–\$B\$3	= B6*\$B\$2/12	= SUMME(B6:C6)	= \$B\$3	= D6–E6
7	2. Monat	= F6	= B7*\$B\$2/12	= SUMME(B7:C7)	= \$B\$3	= D7–E7
8	3. Monat	= F7				
9	4. Monat					
10	5. Monat					
11	6. Monat					
12	7. Monat					
13	8. Monat					
14	9. Monat					
15	10. Monat					
16	11. Monat					
17	12. Monat	= F16	= B17*\$B\$2/12	= SUMME (B17...C17)	= \$B\$3	= D17–E17
18	**Total**				=SUMME (E6:E17)+\$B\$3	
19	**Kosten**				= E18–0.9*\$B\$1	

Schuld bei der Leasinggesellschaft am Anfang:

Schuld am Anfang = 90 % des Katalogpreises – Anzahlung

Schuld am Anfang = 0.9 · 3 295.00 – 242.00 = 2 723.50

Also: 0.9*\$B\$1–\$B\$3.

A Die Pfeile in der Formelansicht zeigen, wie gerechnet wird.

Erklärt einander.

B Wie viele Franken beträgt im Gesamten der Zins, den die Bank hier in einem Jahr einnimmt?

___

C Was bedeutet das Minuszeichen in Zelle F17?

___

D Erstelle mit Hilfe einer Tabellenkalkulation einen Leasingraten-Rechner und teste ihn mit Hilfe der folgenden Tabelle.

Zeitraum	Schuldenstand in CHF am Anfang des Monats	Zins in CHF	Schuld mit Zinsen	Ratenzahlung	Schuld am Ende des Monats
1. Monat	2 723.50	27.24	2 750.74	242.00	2 508.74
2. Monat	2 508.74	25.09	2 533.82	242.00	2 291.82
3. Monat	2 291.82	22.92	2 314.74	242.00	2 072.74
4. Monat	2 072.74	20.73	2 093.47	242.00	1 851.47
5. Monat	1 851.47	18.51	1 869.98	242.00	1 627.98
6. Monat	1 627.98	16.28	1 644.26	242.00	1 402.26
7. Monat	1 402.26	14.02	1 416.29	242.00	1 174.29
8. Monat	1 174.29	11.74	1 186.03	242.00	944.03
9. Monat	944.03	9.44	953.47	242.00	711.47
10. Monat	711.47	7.11	718.58	242.00	476.58
11. Monat	476.58	4.77	481.35	242.00	239.35
12. Monat	239.35	2.39	241.74	242.00	– 0.26
Total				3 146.00	
Kosten				180.50	

E Vergrössere den Leasingraten-Rechner so, dass du auch 24 Raten berechnen kannst.

F Berechne damit das Angebot «Leasing» im *mathbu.ch 9*. Wie gross ist dort der Zinssatz?

1.2 Rechnen mit einer Faustregel.

Die monatliche Rate im Beispiel aus der Aufgabe 1.1 kann näherungsweise folgendermassen bestimmt werden:

Schuld am Anfang des Jahres: Nettopreis = 3295.00 · 0.9 =	2 965.50
Schuld am Ende des Jahres:	0.00

Schätzung des Zinses: Halber Jahreszins für p = 12 %	
(2 965.50 · 0.12) : 2 =	177.93
Schuld mit Zinsen	3 143.43
Rückzahlung in 13 Raten (1. Anzahlung + 12 Monatsraten)	
3 143.43 : 13 =	
Eine Rate kostet	241.80

A Studiere das Berechnungsbeispiel.

B Warum berechnet man nur den halben Jahreszins?

C Was ändert sich an dieser Rechnung, wenn die Schuld und der Zinssatz gleich bleiben, aber die Dauer zwei Jahre beträgt (eine Rate als Anzahlung und 24 weitere Monatsraten)?
Berechne für diesen Fall die Rate.

D Vergleiche mit dem Beispiel im *mathbu.ch 9*.

1.3 Der Katalogpreis bei einem Roller beträgt CHF 2 965.00. Beim Leasing über 2 Jahre sind eine Anzahlung und 24 Monatsraten zu CHF 121.60 zu bezahlen. Du kannst annehmen, dass der Nettopreis 90 % vom Katalogpreis beträgt.

A Wie hoch sind die gesamten Zinskosten?

B Wie viel Prozent beträgt der Zinssatz, wenn man mit der Faustregel rechnet?

C Wie viel Prozent beträgt der Zinssatz, wenn man den Leasingraten-Rechner verwendet?

1.4   Für Motorräder mit einem Hubraum von 125 cm³ gibt es auch Leasingverträge über 48 Monatsraten.

Auch hier wird eine zusätzliche 49. Rate gleich beim Kaufvertrag eingefordert.

Die Leasinggesellschaft bezahlt hier dem Händler ebenfalls 90 % des Katalogpreises.

Modell	Farbe	Katalogpreis	Leasing 0 %
VT 125 «Shadow»	schwarz/rot/beige	7 200.00	164.20
ANF 125 «Innova»	silber/blau	2 990.00	72.10
NSR 125 R1	schwarz/tricolor	7 990.00	191.55
XR 125 L	schwarz/rot	4 500.00	108.70

A   Rechne diese Beispiele mit der Faustregel durch. Wähle jeweils p = 12 %.

B   Mit welchen Zinssätzen wird hier gerechnet, wenn man es genauer nimmt?

Verändere den Ratenrechner so, dass du auch hier nachrechnen kannst.

C   Wie hoch wären die Raten beim maximal erlaubten Zinssatz von 15 %?

D   Eine Leasing-Gesellschaft gibt an, dass ihr Zinssatz bei 11.62 % liegt.

Welche Monatsraten verlangt sie?

---

2   **Kleinkredit-Rechner**

2.1   Im *mathbu.ch 9* befindet sich ein Abzahlungsplan für Privatkredit.

    A   Erstellt am Computer eine Excel-Tabelle zur Berechnung des Abzahlungsplanes oder verwendet die Excel-Tabelle von Aufgabe 3 der Lernumgebung.

    B   Sucht Inserate für Kleinkredite und vergleicht die Angebote mit Hilfe eurer Excel-Tabelle.

    C   Verwendet für eure Vergleiche auch Ratenrechner aus dem Internet.

2.2   A   Vergrössert die Excel-Tabelle so, dass ihr damit 24 Monatsraten berechnen könnt.

    B   Vergrössert die Excel-Tabelle so, dass ihr 36 Monatsraten berechnen könnt.

    C   Wie könnt ihr mit dieser Excel-Tabelle nun eine beliebige Anzahl Raten von 1–36 berechnen?

    D   Vergleicht eure Berechnungen mit Ratenrechnern aus dem Internet.

1 **Wohnraum**

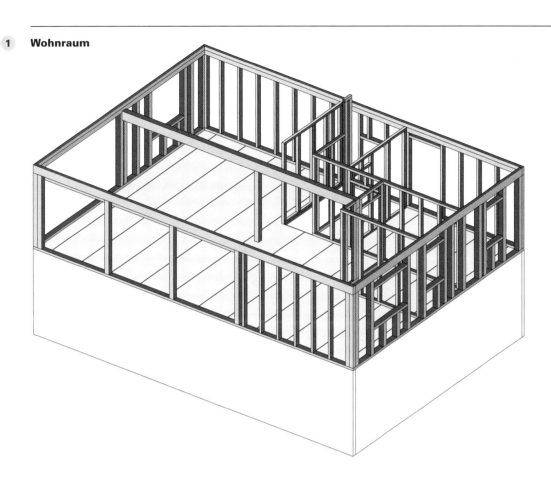

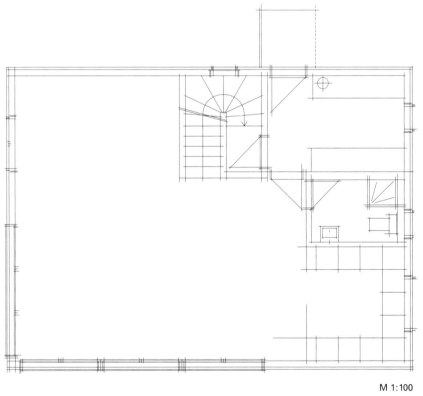

M 1:100

1.1 Wie würdest du den Wohnraum im Erdgeschoss einrichten?

Zeichne deine Möblierung ein.

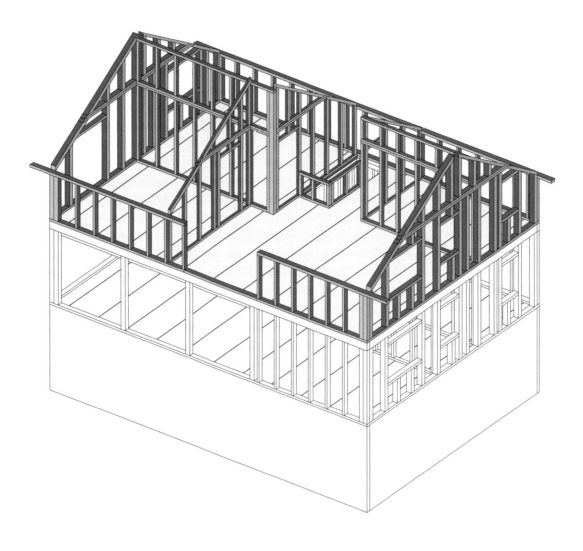

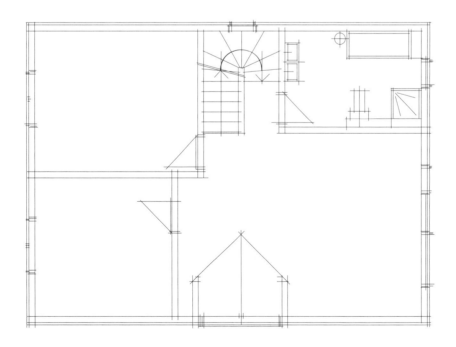

1.2 Welches Zimmer würdest du im Obergeschoss für dich auswählen?
Zeichne deine Möblierung ein und beschreibe dein Zimmer.

2 **Dach**

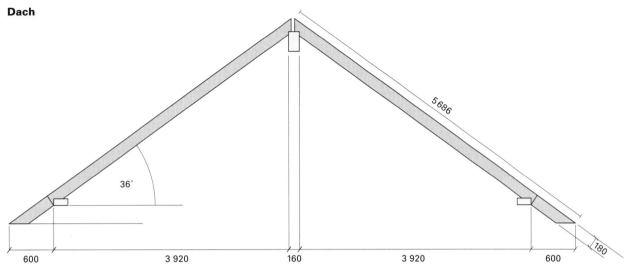

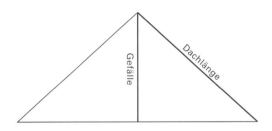

2.1 Das Dach des Holzhauses hat bei einer Dachneigung von 36° und einer Dachlänge von 5 686 mm ein Gefälle

von 3 342 mm. Das Haus ist 8 m breit.

A Markiere die beschriebenen Grössen im Text und im Plan mit Farben.

B Berechne die Steigung des Daches in %.

_____

_____

2.2 Damit ein mit Ziegeln belegtes Dach wasserdicht ist, braucht es in der Regel eine Neigung von mindestens 22°.

Zeichne den Querschnitt des Daches bei einer Neigung von 22° und beschreibe die dadurch entstehenden Verände-

rungen für das Haus. Die Breite des Hauses (8 m) und der Dachvorsprung (0.6 m) bleiben gleich.

_____

_____

_____

_____

2.3 Ein Flachdach (kein Ziegeldach) muss mindestens eine Steigung von 2.5 % aufweisen, damit das Wasser ablaufen kann.

Erstelle den massstabgetreuen Querschnitt zum Holzhaus mit einem solchen Flachdach und bestimme das Gefälle und

die Dachlänge. Die Breite des Hauses (8 m) und der Dachvorsprung (0.6 m) bleiben gleich.

2.4 Wie gross ist die Dachneigung in Grad bei einer Steigung von 100 %? Erstelle eine Schnittzeichnung des Hauses.

2.5 **A** Ergänze die Tabelle.

Neigung des Daches in °	36°	22°				
Steigung des Daches in %			2.5 %	100 %	50 %	25 %

B Zeichne einen Graphen, an dem du die Angaben von A ablesen kannst.

3 Ziegeldach

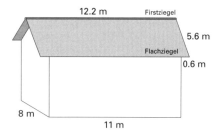

3.1 Pro m² sind 10 Flachziegel auf dem Dach. Der Dachdecker verlegt etwa 7 m²/h.
Den Abschluss auf dem First bilden die Firstziegel. Der Dachdecker verlegt 20 Laufmeter Firstziegel pro h.
Ein Firstziegel deckt 40 cm First ab.

A Berechne die Arbeitszeit für das Decken des ganzen Daches.

B Wie lange dauert die Arbeit für das Decken des ganzen Daches, wenn drei Dachdecker gleichzeitig arbeiten?

C Wie lange dauert die Arbeit für das Decken des ganzen Daches, wenn fünf Dachdecker gleichzeitig arbeiten?

D Ist die tatsächliche Arbeitszeit eher länger oder kürzer als bei B und C berechnet? Begründe.

E Wie viele Tage arbeitet ein Dachdecker an diesem Dach bei einer täglichen Arbeitszeit von 8 h?

F Wie viele Tage arbeiten drei Dachdecker an diesem Dach bei einer täglichen Arbeitszeit von 7.5 h?

G Wie gross ist der Arbeitsaufwand pro m² Flachziegeldach?

3.2 Ein Flachziegel und ein Firstziegel wiegen je 4.15 kg.

  A Wie schwer ist die Dachbedeckung etwa?

  _____

  B Wie viel Gewicht etwa hebt ein Dachdecker in einer Stunde, während eines Arbeitstages, bis zur Pensionierung?

  _____

4 Ein Bauelement

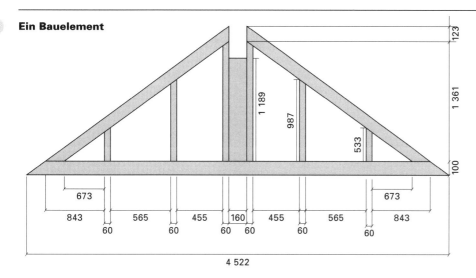

Das fertige Element wird montiert.

4.1 Zu welcher Fassade gehört das abgebildete Element?

  _____

4.2 Das Element wird auf beiden Seiten bis an den äusseren Balkenrand mit Gipsplatten versehen. Anschliessend wird auf der Aussenseite die Holzschalung befestigt.

  A Berechne die Fläche dieser Gipsplatten.

  _____

  B Die Gipsplatten sind 15 mm dick und wiegen pro m² 18 kg.
  Berechne das Gewicht der montierten Platten.

  _____

4.3 **A** Alle Holzteile sind 160 mm dick. Berechne für dieses Bauelement das ungefähre Volumen und das ungefähre Gewicht des verwendeten Holzes für den Ständerbau. Tannenholz hat eine Dichte von 0.5.

  _____

  B Die Sägerei verkauft 1 m³ Tannenholz für CHF 400.00.
  Wie teuer ungefähr ist das Holz für dieses Element?

  _____

AFGHANISTAN / *Die Ärztin Sima Samar, diesjährige Trägerin des Paul-Grüninger-Preises, engagiert sich seit Jahren im Bildungs- und Gesundheitsbereich Afghanistans.*

Das sind noch ein paar Schnipsel aus der Zeitung vom 7.4.2001.

Was ist dir wichtig?

Was verstehst du?

Wo stört dich dein Nicht-verstehen –

wo ist es dir egal?

KARIN REBER AMMANN

Sima Samars Werk kann sich sehen lassen: 20 000 Buben und Mädchen – Letztere machen 40 Prozent aus – besuchen ihre 49 Schulen. In den vier Spitälern und den zwölf kleinen Kliniken oder Gesundheitsposten werden täglich Hunderte Personen behandelt. Samars Engagement ist stark wie eh und je, obwohl sich die Situation erschwert hat, seit die fundamentalistischen Taliban-Milizen die Macht im zentralafghanischen Hochland übernahmen: Seit dem Sommer 1998 konnte die Ärztin nicht mehr in die Hezarajat reisen, um ihre Projekte vor Ort zu begutachten.

ST. GALLEN - ZÜRICH 1:0 (1:0)
Espenmoos. – 11 300 Zuschauer (ausverkauft). – SR Leuba. – Tor: 45. Jairo 1:0. – Bemerkungen: St.Gallen ohne Stiel (gesperrt) sowie Walker und Pinelli (beide verletzt); Zürich ohne Jeanneret (gesperrt) und Heldmann (verletzt). 48. Kopfball von Jefferson an den Pfosten. – Verwarnungen: 10. Renato (Foul). 52. Jamarauli (Foul). 56. Gane (Foul). 62. nicon (Foul).
St.Gallen: Stöckli; Zellweger, Zwyssig, Imhof, Dal Santo; Müller, Guido, Jairo, Colacino (46. Nixon); Gane (62. Contini), Jefferson (74. Stefanovic).
Zürich: Pascolo; Renato, Fischer, Quentin; Douglas, Chihab, Hellinga, Giannini; Kawelaschwili (24. Chassot), Jamarauli, Bühlmann (80. Akale).

FINALRUNDEN-RANGLISTE
1. St.Gallen 6/29. 2. GC 5/26 (3:3). 3. Lausanne 5/26 (7:7). 4. Zürich 6/24. 5. Lugano 5/23 (4:9). 6. Basel 5/23 (4:4). 7. Servette 4/23 (8:4). 8. Sion 4/23 (6:4).

MÜNSINGEN

Wer zu spät kommt, den bestraft die Badi

pd. Wer bis 15. Mai sein Saisonabonnement fürs Parkbad kauft, fährt billiger. Der Gemeinderat hat beschlossen, die Abonnemente bis zu diesem Datum zum letztjährigen Preis zu verkaufen. Nach Mitte Mai kostet das Saisonabonnement zwischen 5 und 15 Franken mehr. Die Badesaison beginnt am 5. Mai. Der Vorverkauf wird vom 30. April bis zum 4. Mai jeweils von 14 bis 18 Uhr durchgeführt.

Die Rohrzuckerminen von Aarberg

Geschwächt von Karies, gefährdet durch zu hohen Blutzucker, die Kumpel von Aarberg sind erschreckenden Arbeitsbedingungen ausgesetzt

1 **Verstehst du?**

1.1 Ausschnitte aus einer Zeitung vom 7.4.2001

   A Suche in den Ausschnitten verschiedene Arten von Grössen (zum Beispiel –.50/Anr., Min.) und erkläre ihre Bedeutung.

   B Suche in den Ausschnitten auf der vorhergehenden Seite verschiedene Arten von Zahlen (zum Beispiel 0900 556 789) und erkläre ihre Bedeutung.

1.2 Stelle zu einem der Zeitungsartikel Fragen. Lasse sie von jemandem lösen und überprüfe das Ergebnis.

1.3 Weitere Fragen zu den Zeitungsausschnitten

   A Wie viele Monate liegen zwischen dem letzten Besuch von Sima Samar im Hezarajat und dem Erscheinen der Zeitung?

   B Wie lange spielte Chassot in der Partie St. Gallen – Zürich?

   C Welche Zahl könnte das «noch mehr» in der letzten Kinoreklame etwa bezeichnen?

   D Während wie vieler Tage kann das Saisonabonnement für das Parkbad Münsingen zum tieferen Preis gekauft werden?

   E Im Inserat wird ein ehemals 28 980 DM teurer Kopierer stark verbilligt angeboten. Wie viel beträgt der Rabatt? Den damaligen DM-Kurs findest du in der Lernumgebung unter «Devisen».

1.4 Die Rohrzuckerminen von Aarberg

   A Formuliere zur Bildmontage der Rohrzuckerminen von Aarberg eine Frage.

   Lasse sie von jemandem lösen und überprüfe das Ergebnis.

   B Was alles stimmt bei diesem Gag nicht?

   C Woher kommt unser Zucker wirklich?

2 **Zahlen und Grössen in Texten**

Auch die beiden Texte «Fledermäuse im Anflug» und «Stift vor 60 Jahren» entstammen der Zeitung vom 7.4.2001.
Wähle denjenigen, der dich mehr anspricht, und markiere mit Farben. Einzelne dieser Stellen können mehrere Farben erhalten.
Unterstreiche deshalb nicht zu dick. Geeignet sind Farbstifte.

Aufträge zu «Fledermäuse im Anflug»

2.1 **A** Oben rechts stehen die Angaben «107 besetzte Wochenstuben» und «60 Wochenstuben». Markiere sie rot.
Zu den rot markierten Grössen gehören die Ergänzungen «in der Schweiz» und «in der östlichen Landeshälfte». Markiere sie auch rot.
Mit den rot markierten Daten kannst du zum Beispiel ausrechnen, wie viele Wochenstuben in der westlichen Landeshälfte besetzt sind. Führe die Berechnung durch.

   B Markiere mit einer anderen Farbe zwei Angaben, mit denen du etwas berechnen kannst. Führe die Berechnung durch.

2.2 Markiere die folgenden Aufgaben je mit einer Farbe. Unterstreiche im Text mit der gleichen Farbe die Stellen, welche du zum Lösen der Aufgabe brauchst. Löse dann die Aufgabe.

   A Stelle mit gespreizten Fingern dar, wie gross eine ausgewachsene Mausohrfledermaus ist.

   B Schätze mit Hilfe des Bildes die Körperlänge des Tieres.

   C Fledermäuse bringen pro Wurf gewöhnlich ein Junges zur Welt. Wie viele Mausohrkinder werden im Durchschnitt in einer «Wochenstube» aufgezogen?

   D Wie viele Mausohrkinder werden in der Schweiz pro Jahr etwa geboren?

   E Wie viel Zeit investiert eine Betreuungsperson im Durchschnitt?

   F Gibt es in der Schweiz mehr oder weniger als 1 Million Fledermäuse? Begründe.

   G Wann beginnt bei den Mausohrfledermäusen die Winterruhe?

Fledermäuse im Anflug

ARTENSCHUTZ / *Der Bestand unserer grössten Fledermausart, des Grossen Mausohrs, kann sich nur halten, weil freiwillige Helfer auf ihre Sommerquartiere achten.*

sda/wat. Nach vier Monaten Winterruhe beziehen die knapp 40 000 Grossen Mausohren nun wieder zugluftfreie und sonnendurchflutete Dachstöcke von Kirchen und grossen Gebäuden. Dort bereiten sie sich auf die Geburt ihres Nachwuchses im Juni vor. Das Grosse Mausohr ist mit 40 Zentimetern Spannweite und bis zu 40 Gramm Körpergewicht die grösste der 27 Fledermausarten der Schweiz.

Sein Bestand ist stark gefährdet, trotz bundesrechtlichem Schutz durch das Natur- und Heimatschutzgesetz, wie die Stiftung zum Schutz der Fledermäuse in der Schweiz mitteilt. Die

Grosses Mausohr.

grösste Bedrohung gehe von Renovationen und Nutzungsänderungen der Räumlichkeiten aus, da sich vertriebene Tiere nicht problemlos anderen Kolonien anschlössen und spontane Neubesiedlungen nicht bekannt sei-

en. In der Schweiz sind 107 besetzte Wochenstuben bekannt. Die Jungenaufzucht der rund 9000 erwachsenen Mausohrweibchen, die in den 60 Wochenstuben der östlichen Landeshälfte leben, werden von 72 «Quartierbetreuenden» intensiv beobachtet und erfasst.

Die Betreuenden leisten jährlich rund 2000 Stunden Freiwilligenarbeit. Im Winter reinigen sie die Dachstöcke, im Sommer zählen sie regelmässig die abendlichen Ausflüge. Ohne ihr Wissen und die fledermauskundliche Baubegleitung existierten heute zwei Drittel der Mausohrwochenstuben nicht mehr, schreibt die Stiftung.

Grosse Arbeitslosigkeit

Als Folge des Ersten Weltkriegs war in Europa immer noch Wirtschaftskrise, weit schlimmer als in den Neunzigerjahren. Der Gang zur Fürsorge war für viele Familien unvermeidlich und das «Armengut» eine schwere Last für die Gemeinden. Wenn der Vater mit einem Inserat einen Knecht suchte, standen regelmässig bis zehn Anwärter vor der Türe, noch bevor wir selber die Zeitung erhalten hatten. Arbeitslose wurden notdürftig für Gemeindearbeiten eingesetzt, Stundenlohn einen Franken. Dementsprechend war es auch schwierig, eine Lehrstelle zu finden, dazu noch eine passende mit zumutbarer Weg. Da die Lehrstellen in der Verwaltung und in den wenigen Industriebetrieben der Region mit Anwärtern versorgt waren, die ein Welschlandjahr vorzuweisen hatten, blieben meine Chancen sehr beschränkt.
Dann kam uns ein guter Zufall zu Hilfe. Mein Vater besuchte eine entfernt verwandte Familie in Zürich – wie verwandt, das konnte man mir nie richtig sagen –, die einen kleinen Handelsbetrieb führte. Eher zufällig fiel die Frage:

«Was machst du mit dem Armin im Frühjahr?» Auf die Antwort des Vaters hakte der «Onkel» ein: «Das trifft sich gut, ich brauche einen kaufmännischen Lehrling, wäre das etwas für ihn?» Natürlich war es. Nach wenigen Tagen kreuzten Vater und Sohn zusammen auf, diesmal mit Schulzeugnissen und gefälligen Empfehlungen zweier Lehrer, so dass die Sache bald eingefädelt war.
Am 21. Januar 1937 wurde der Lehrvertrag unterzeichnet, nachdem ich ihn übungshalber noch hatte von Hand abschreiben müssen. Darin stand recht viel von «Vorgesetzten Gehorsam leisten... Pflichten gewissenhaft erfüllen... mit Fleiss und Treue», über Eifer und Indiskretionen und so weiter. Bei gutem Verhalten stand als Lohn in Aussicht: 40 Franken im ersten Lehrjahr, dann 60 und zuletzt 80 – im Monat, versteht sich. Und schliesslich zur Erholungszeit: «An Ferien werden jährlich 8 Tage gewährt, welche von der Geschäftsleitung bestimmt werden.»
Vor der Heimkehr suchte mein Vater gleich noch ein «Alkoholfreies», um festzulegen, wo ich jeweils das Tagesmenu für einen Franken zwanzig einnehmen sollte. Eine Tasse Milchkaffee kostete 20 Rappen wie auch ein Glas Süssmost, plus fünf Rappen Trinkgeld.

Langes Tagwerk

Zurück im Heimatdorf, tönte es in meiner Schulklasse höchst prestigeträchtig, dass ich meine Lehre nicht im Dörflein, sondern in der Grossstadt antreten werde. Doch hatte das auch seine Probleme. Die Bahnfahrt von über 30 Kilometern mit zehn Haltepunkten sollte fast eine Stunde dauern. Dazu kam die «Wanderung» von zuhause zum Bahnhof von

einer Viertelstunde, und in Zürich nochmals so viel zum Geschäft. Das hiess beim KV-Schulbeginn um 7.15 Uhr, dass ich vor fünf Uhr aufstehen musste, normalerweise jedoch um halb sechs. Abends würde es im besten Fall acht Uhr bis zum Nachtessen zuhause. Da sämtliche Freifächer nur abends angeboten wurden, würde es halb elf bis zum Elternhaus.

Kopfrechnen

Nun kam also der 15. April 1937. Mit weisser Arbeitsbluse unter dem Arm, etwas schüchtern noch, betrat ich das Geschäft am Bleicherweg. Als Branche nannte es sich «Doublures et Fournitures», auf Deutsch also Futterstoffe und Zutaten für die Schneiderei. Nachdem ich bei den etwa zehn Angestellten herumgereicht worden war, bekam ich meinen Arbeitsplatz, ein hölzernes Pult mit schräger Tischplatte. Darauf stand eine schwarze Rechenmaschine mit vollem Tastenfeld und einem langen Hebel zum Aktivieren der Zahleneingaben. Gleich gabs die erste Arbeit: Der ältliche Buchhalter Berger übergab mir ein blaues Heftchen, in das er die täglichen Rechnungsausgänge eingetragen hatte. Ich musste die etwa zwanzig Posten addieren, aber – bitte schön – erst einmal im Kopf und nur zur Kontrolle mit der Maschine.
Reise, Schule und Arbeit waren im ersten Lehrjahr sehr anstrengend, so dass ich nach einem Jahr mit den Eltern das Gespräch über eine Zimmermiete in der Stadt suchte. Wohl wegen der höheren Kosten, aber auch wegen der «Gefahren» und damit meiner sittlichen Gefährdung kam es zu unschönen Konfrontationen. Ich wollte ja nur bessere

Aufträge zu «Stift vor 60 Jahren» (Ausschnitt aus einem längeren Bericht)

2.3 Lies zuerst die ganzen Anweisungen A bis C durch, bevor du etwas ausführst.

A In der Mitte der Spalte findest du die Angaben «... 40 Franken ... 60 ... 80». Markiere sie rot.

B Zu den markierten Grössen gehört die Präzisierung «im Monat». Markiere sie ebenfalls rot.

C Markiere andere Zahlen, Grössen und präzisierende Angaben, welche zusammengehören, je mit einer Farbe.

– Beachte auch Grössen, die mit Worten beschrieben sind (zum Beispiel «nochmals so viel»).

– Einzelne Daten können mehr als eine Farbe tragen (zum Beispiel «fast eine Stunde» gehört zu «30 km» und zu «7.15»).

2.4 Markiere die folgenden Aufgaben je mit einer Farbe. Unterstreiche im Text mit der gleichen Farbe die Stellen, welche du zum Lösen der Aufgabe brauchst. Löse dann die Aufgabe.

A Wann wurde der Lehrvertrag unterschrieben?

B Wann trat der Lehrling die Stelle an?

C Wie viel Zeit liegt zwischen dem Unterschreiben des Lehrvertrags und dem Stellenantritt?

D Wie lange brauchte der Lehrling für einen Arbeitsweg «von Haus zu Haus»?

E Wie schnell verkehrte die Eisenbahn damals? (Die Halte sind dabei eingerechnet.)

F Was bezahlte man für ein Tagesmenü mit einem Glas Most inkl. Trinkgeld?

G Konnte das Tagesmenü mit dem Lehrlingslohn im ersten Lehrjahr bezahlt werden? Begründe.

H In welchem Alter hat der Jugendliche die Lehrstelle angetreten? Begründe.

3 **Aus der Zeitung vom ...**

Nimm eine aktuelle Zeitung und wähle einen Artikel aus, der sich für Problemstellungen eignet, wie du sie in der Lernumgebung und im Arbeitsheft angetroffen hast.

3.1 Bearbeite den Artikel mit Farben, wie es bei Aufgabe 2 «Zahlen und Grössen in Texten» beschrieben ist.

3.2 Formuliere zum Artikel unterschiedliche Fragen und gib sie anschliessend einer Kollegin oder einem Kollegen zur Beantwortung.

A Die Antwort auf die Frage kann man direkt aus dem Artikel herauslesen.

B Die Antwort auf die Frage kann man mit Daten aus dem Artikel berechnen.

C Die Antwort auf die Frage kann man anhand des Artikels abschätzen.

D Die Antwort auf die Frage kann man anhand des Artikels nicht geben.

3.3 Wähle ein Inserat, eine Tabelle oder eine Grafik aus. Stelle dazu wahre und falsche Behauptungen auf.

Lass die Behauptungen von einer Kollegin oder einem Kollegen mit Hilfe der Zeitung überprüfen.

1 **Die Entwicklung der Lebenskosten**

1.1 **A** Was stellt die folgende Grafik dar?

    B Was sagt sie aus?

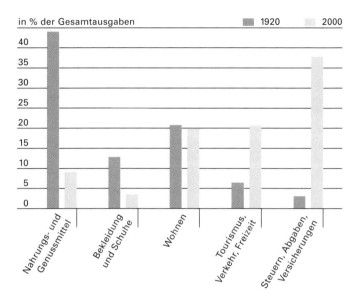

1.2 **A** Welche Bereiche des Warenkorbes sind in der Grafik erfasst?

    B Welche Bereiche des Warenkorbes sind in der Grafik nicht erfasst?

    C Welche Bereiche ausserhalb des Warenkorbes sind in der Grafik erfasst?

1.3 **A** Deckt die Grafik für 1920 100% ab?

    B Deckt die Grafik für 2000 100% ab?

    C Wie verstehst du das Wort «Gesamtausgaben» in der Grafik?

1.4 Schreibe zur Grafik einen kurzen Text.

Der Landesindex der Konsumentenpreise (LIK) wird seit 1922 berechnet. Seither wurde er siebenmal neu eingestellt. Das ist nötig, weil neue Waren und Dienstleistungen auf den Markt kommen und sich das Konsumverhalten mit der Zeit verändert. Im Mai 2000 stellte das Bundesamt für Statistik (BFS) den LIK auf 100 Punkte ein. Im Mai 2002 stand der LIK auf 102.4 Punkten. Das entspricht einer Teuerung von 2.4% in zwei Jahren.

1.5 Die folgende Tabelle zeigt die Entwicklung des Landesindexes der Konsumentenpreise (LIK) seit Mai 2000.

	Jan.	Feb.	März	April	Mai	Juni	Juli	Aug.	Sept.	Okt.	Nov.	Dez.
2000					100.0	100.4	100.4	100.2	100.7	100.6	101.1	101.0
2001	100.9	100.9	100.8	101.2	101.8	102.0	101.8	101.2	101.4	101.2	101.4	101.3
2002	101.4	101.4	101.5	102.3	102.4	102.3	101.8	101.7	101.9	102.5	102.3	102.2
2003	102.3	102.4	102.8	103.0	102.8	102.9	102.0	102.3	102.4	102.9	102.8	102.8
2004	102.5	102.5	102.7									
2005												
2006												

A In welchem Monat (seit Mai 2000) war die Teuerung am stärksten?

_____

B Markiere in der Tabelle rückläufige Preisentwicklungen.

1.6 **A** Ergänze die Tabelle von 1.5 mit neueren Daten (www.statistik.admin.ch → Fachbereiche → Preise).

B Haben die zusätzlichen Daten Einfluss auf die Antworten bei 1.5?

_____

1.7 Die folgende Tabelle stellt die Entwicklung der Mietpreise in der Schweiz dar.
(Vierteljährliche Erhebung. Basis Mai 1993 = 100).

Monat	Index	Veränderungen in % zum		Durchschnittliche Mietpreise gemäss Wohnungstyp in Franken				
		Vorquartal	Vorjahr	1 Zi.	2 Zi.	3 Zi.	4 Zi.	5 Zi.
Nov. 1998	102.8	0.0	0.1	583	772	914	1 154	1 525
Feb. 1999	103.2	0.4	0.3	588	771	913	1 156	1 553
Mai 1999	103.4	0.1	0.6	593	773	918	1 161	1 515
Aug. 1999	104.1	0.7	1.2	591	778	922	1 166	1 552
Nov. 1999	103.8	−0.3	1.0	595	781	920	1 161	1 531
Feb. 2000	104.4	0.6	1.2	587	786	927	1 163	1 548
Mai 2000	104.9	0.4	1.5	584	789	932	1 174	1 543
Aug. 2000	105.3	0.4	1.2	577	782	930	1 169	1 546
Nov. 2000	106.9	1.5	3.0	590	796	947	1 193	1 542
Feb. 2001	107.5	0.5	2.9	585	799	955	1 193	1 556
Mai 2001	108.2	0.7	3.2	590	804	965	1 197	1 561
Aug. 2001	108.4	0.2	3.0	595	806	968	1 201	1 539
Nov. 2001	108.8	0.3	1.7	593	816	971	1 199	1 562
Feb. 2002	109.0	0.2	1.5	607	814	970	1 211	1 562
Mai 2002	109.2	0.2	0.9	605	818	969	1 211	1 571
Aug. 2002	109.3	0.1	0.8	617	823	971	1 213	1 538
Nov. 2002	109.4	0.0	0.5	603	823	973	1 212	1 545

A Was ist in den einzelnen Spalten der Tabelle dargestellt?

_____

_____

_____

B Was kann man einer solchen Tabelle entnehmen? Stelle drei Fragen, die sich mit Hilfe der Tabelle beantworten lassen. Die Antwort sollte aber nicht einfach ablesbar sein.

_____

_____

_____

1.8 Überprüfe die folgenden Behauptungen:

A Wohnen wird laufend teurer.

_____

B Von 1999 bis 2002 hat die Jahresteuerung immer zugenommen.

_____

C Die Teuerung betrifft alle Wohnungstypen gleich.

_____

1.9 **A** Suche die aktuellen Daten zur Tabelle 1.7 im Internet:

(www.statistik.admin.ch → Fachbereiche → Preise → Landesindex → Mietpreisindex).

B Berechne die prozentuale Teuerung für die einzelnen Wohnungstypen gegenüber Mai 1993:

1 Zi.	2 Zi.	3 Zi.	4 Zi.	5 Zi.
580	771	886	1 125	1 489

_____

_____

_____

(2) **Informationen aus Texten und Diagrammen**

K-Tipp 21.8.2002

Freizeit: Am meisten Geld für Autos und Beiz

Die Angaben für Freizeitaktivitäten machen in einem Schweizer Durchschnittshaushalt rund 15 Prozent des Gesamtbudgets aus – das sind gut 12 000 Franken pro Jahr. Eindeutig am meisten Geld wird für Restaurantbesuche und den Verkehr ausgegeben, nämlich 21 beziehungsweise 24 Prozent des Freizeitbudgets. Erstaunlich: 6 Prozent des Freizeitgeldes wird für Haustiere und Pflanzen benötigt.

2.1 **A** Wie viele Franken steckt ein Schweizer Durchschnittshaushalt nach diesen Angaben pro Monat in Freizeitaktivitäten?

B Mit welchem Monatsbudget für einen Schweizer Durchschnittshaushalt wird hier gerechnet?

C Wie viele Franken gehen im Schnitt pro Monat in den Freizeitverkehr?

D Wie viel wird in einem Schweizer Durchschnittshaushalt pro Monat für den Sport ausgegeben?

2.2 **A** Deckt die Grafik 100 % der Freizeitausgaben ab?

B Deckt die Grafik 100 % der Haushaltsausgaben ab?

2.3 Welche der 12 Bereiche des «Warenkorbes» fliessen ganz oder teilweise in die Ausgaben für Freizeitaktivitäten ein?

2.4 **A** Wie viele Prozent der monatlichen Ausgaben eines Schweizer Durchschnittshaushaltes gehen in den Sport?

B Wie viele Prozent der jährlichen Ausgaben eines Schweizer Durchschnittshaushaltes gehen in den Freizeitverkehr?

2.5 Rechne die elf Anteile in der Grafik um auf Anteile an den gesamten Haushaltsausgaben.

2.6 **Nur 8.3 Prozent gehen fürs Essen weg**

Speis und Trank schlagen immer weniger aufs Budget von Herrn und Frau Schweizer. Ging 1922 noch gut ein Drittel der Haushaltsausgaben an Essen und Getränke, war es im Jahr 2000 noch ein Zwölftel beziehungsweise 8.3 Prozent. Das sind in einem Durchschnittshaushalt mit 2.4 Personen 634 Franken pro Monat. Nicht eingerechnet ist die Verpflegung ausser Haus. In Restaurants, Hotels und Kantinen gaben private Haushalte im Jahr 2000 im Schnitt 495 Franken aus, das sind 6.5 Prozent der monatlichen Gesamtausgaben von 7 634 Franken.

Jahr	Prozent
1922	34.2
1937	28.2
1944	36.2
1950	29.7
1956	29.4
1962	25.2
1968	20.9
1974	15.9
1980	11.2
1986	10.8
1992	8.9
1998	8.3
2000	8.3

A Von welchem monatlichen Haushaltsbudget im Jahr 2000 geht man hier aus?

B Du kannst die Antwort von A auf vier Arten aus dem Text gewinnen. Stelle sie dar.

C Berechne eine Variante zum Lösungsweg, den du bei A gewählt hast.

D Je nachdem, von welchen Zahlen du ausgehst, erhältst du bei B einen leicht anderen Wert. Notiere eine Erklärung dafür.

2.7 **A** Wie viele Franken kostet das Essen und Trinken für eine Person im Monat, wenn du von den Zahlen im dritten Satz des Zeitungsartikels (Aufgabe 2.6) ausgehst?

B Bei Aufgabe A hast du mit 2.4 Personen gerechnet. Ist das eine vernünftige Grösse?

C Warum geben die Leute im Durchschnitt mehr für Essen und Trinken aus, als du bei A errechnet hast?

2.8 **A** Sucht Gründe, warum der Anteil «Essen und Trinken» an den Haushaltskosten abgenommen hat.

B Überlegt euch, wie die Schwankungen im oberen Teil der Grafik (Aufgabe 2.6) erklärt werden könnten.

C Wagt eine Prognose, wie die Fortsetzung der Grafik (Aufgabe 2.6) für die nächsten 20 Jahre aussehen könnte.

2.9 **A** Welches ist der Hauptunterschied zwischen dem Diagramm «Freizeit» (Aufgaben 2.1–2.5) und dem Diagramm «Essen» (Aufgaben 2.6–2.8)?

B Welche andere Art von Grafik würde sich für die Darstellung dieser Sachverhalte eignen?

1 Halbieren – Verdoppeln

1.1 Notiert Fragen, berechnet und formuliert Antworten zu den beiden Situationen.

I

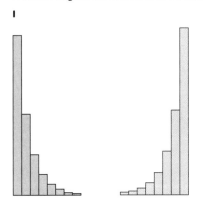

Immer halb (doppelt) so lange Papierstreifen.

II

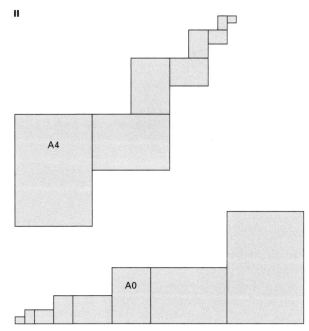

Figuren aus Blättern mit Format A4, A5, A6, A7 … oder
A5, A4, A3, A2, A1, A0, «A –1», «A –2» …

1.2 Eine Darstellung auf einem A4-Blatt soll mit dem Fotokopierer in zwei Schritten

 A auf die doppelte Länge (und Breite) vergrössert werden. Welche Prozenteinstellung bringt das am besten? Begründe!

 B auf die halbe Länge (und Breite) verkleinert werden. Welche Prozenteinstellung bringt das am besten?

 C Welche Einstellungen sind optimal, wenn eine Fläche in zwei Schritten verdoppelt/halbiert werden muss?

2 **Zins und Zinseszins**

Nimm an, dass am 1. Januar 1990 ein Sparkonto mit der Einlage CHF 1 000.– eröffnet wurde. Rechne der Einfachheit halber mit einem konstanten jährlichen Zinssatz von 2.5 %.

Der Jahreszins wird zum Kapital geschlagen. Das ergibt ein neues, höheres Kapital. Im darauf folgenden Jahr gibt es auf dieses neue Kapital einen Zins, der dann wieder zum Kapital geschlagen wird, usw.

Kurz: $K_{neu} = K_{alt} + 2.5 \% \cdot K_{alt} = K_{alt} \cdot (1 + 2.5 \%) - K_{alt} \cdot (1 + 0.025) = K_{alt} \cdot 1.025$

oder allgemein: $\mathbf{K_{neu} = K_{alt} \cdot (1 + p)}$

2.1 Berechne jeweils das neue Kapital und trage die Ergebnisse in die Tabelle ein.

Jahr (1. Jan.)	1990	1991	1992	1993	1994	1995	1996
Zeit	0	1	2	3	4	5	6
Zins	0	25	25.60				
Wert (CHF)	1 000	1 025	1 050.60				

Statt den neuen Wert Schritt für Schritt zu berechnen, kann man den Wert nach 10 oder nach 20 Jahren auch direkt ausrechnen, wenn man sich die Situation «formal» überlegt.

Allgemein aufgeschrieben verläuft die Entwicklung bei einem Zinssatz von p nämlich wie folgt:

Beginn: K_0

nach einem Jahr: $K_1 = K_0 + p \cdot K_0 = K_0 \cdot (1 + p)$

nach 2 Jahren: $K_2 = K_1 + p \cdot K_1 = K_1 \cdot (1 + p) = K_0 \cdot (1 + p) \cdot (1 + p) = K_0 \cdot (1 + p)^2$

nach 3 Jahren: $K_3 = K_2 + p \cdot K_2 = K_2 \cdot (1 + p) = K_0 \cdot (1 + p)^2 \cdot (1 + p) = K_0 \cdot (1 + p)^3$

nach n Jahren also: $K_n = K_0 \cdot (1 + p)^n$ («Zinseszins-Formel»)

2.2 **A** Wie gross wäre der Wert des Kontos nach 10 Jahren?

B Wie gross wäre der Wert des Kontos im Jahre 2010?

C Wann etwa wäre das Konto bei gleichen Bedingungen wie bisher rund doppelt so viel wert?

2.3 Angenommen, der Zinssatz wäre immer 5 % gewesen.

A Wie gross wäre der Wert des Kontos im Jahre 2010?

B Wann etwa wäre das Kapital doppelt so viel wert wie 1990?

2.4 Angenommen, der Zinssatz wäre immer 5 % gewesen und das Startkapital hätte CHF 5 000.– betragen.

A Wie gross wäre der Wert des Kontos im Jahre 2010?

B Wann etwa wäre das Kapital doppelt so viel wert wie 1990?

2.5 Jemand hat ein Sparkonto mit einer Einlage von CHF 100.– aus dem Jahre 1970 vollständig vergessen. Bei seiner Wiederentdeckung im Jahre 1990 war es ziemlich genau CHF 200.– wert. Wenn man es nicht antastet und die Zinsentwicklung etwa gleich weiter geht, wird sein Wert im Jahre 2010 etwa CHF 400.– sein. Wie gross etwa war der mittlere Zinssatz auf dem Konto?

---

3 Verdoppelung bei exponentiellem Wachstum

3.1 Suche für einige der unten angegebenen Zinssätze die Anzahl Jahre, die es dauert, bis ein Kapital mit Zins und Zinseszins auf den doppelten Wert angewachsen ist.

p	1%	2%	3%	3.5%	4%	5%	7%
Verdoppelungszeit ≈							

3.2 Bei einem jährlichen Zinssatz von weniger als 7% (also immer wenn $p < 7\%$) gilt die Faustregel:

$$\text{Verdoppelungszeit (in Jahren)} = \frac{70}{\text{Anzahl Prozent}}$$

Berechne die Verdoppelungszeiten zu den p-Werten aus Aufgabe 3.1 mit dieser Faustregel.

---

4 «Wenn das so weiter ginge»

Stellt euch Fragen und macht Berechnungen zu folgenden Aussagen.

Migros und COOP streben einen Umsatzzuwachs von 2% pro Jahr an.

Allein in den industrialisierten Ländern betrug der jährliche Verbrauchszuwachs beim Erdöl im Mittel 2.8%.

Im Jahre 1970 und im Jahre 2000 zahlte man für 1 kg Kaffee in der Schweiz gleich viel, nämlich etwa CHF 12.–, obwohl fast alles sonst im Jahr 2000 doppelt so teuer war wie 1970.

Der «alpenquerende Lastwagenverkehr» hat in den letzten Jahren jährlich um 7% zugenommen.

Die Einwohnerzahl im Gaza-Streifen nimmt momentan um 3.5% pro Jahr zu (2004).

---

5 «... und wächst und wächst und wächst und ...»

Erstaunlich viele Leute sind überzeugt, dass wir unseren Lebensstandard nur halten können, wenn das Bruttosozialprodukt (BSP) jährlich um beispielsweise 2% wächst.

2003 betrug das BSP etwa 350 Milliarden Franken, im folgenden Jahr (in Milliarden CHF)

$350 + 2\%$ von $350 = 350 \cdot (1 + 0.02) = 350 \cdot 1.02 \approx 357$, im Jahr darauf $357 \cdot 1.02 \approx 364$ usw.

A Wie lange geht es etwa, bis 700 Milliarden Franken erreicht wären?

B Wie lange geht es etwa, bis 1 400 Milliarden Franken erreicht wären?

6 Ordne den verschiedenen Texten A bis I die Graphen I bis VIII zu. Beschrifte die Achsen.

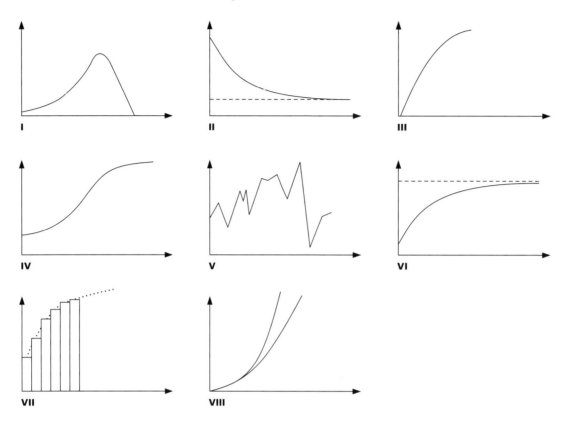

A Eine Bakterienkultur wächst anfangs exponentiell. Die ausgeschiedenen Giftstoffe führen aber zu einem abrupten Abbruch des Wachstums und dann zum völligen Zusammenbruch der Population.

B Man lässt einen Stein und eine Baumnuss gleichzeitig von einer hohen Brücke fallen. Der Stein schlägt deutlich früher im Wasser auf. Offenbar verhindert der Luftwiderstand vor allem bei der Baumnuss das Anwachsen der Geschwindigkeit über einen bestimmten Wert hinaus.

C Eine mit heissem Tee gefüllte Tasse wird ins Zimmer gestellt. Die Temperaturabnahme pro Zeiteinheit ist am Anfang gross, weil auch die Temperaturdifferenz zur Umgebung recht gross ist. Die Temperaturabnahme pro Zeit wird immer kleiner.

D Ein Glas mit kaltem Orangensaft aus dem Kühlschrank wird auf den Zimmertisch gestellt. Wie entwickelt sich die Temperatur im Verlaufe der Zeit? Finde den Graphen und erkläre.

E Überlege, wie sich die Geschwindigkeit eines startenden Rennautos entwickeln könnte. Finde den Graphen, der die Geschwindigkeit in Abhängigkeit von der Zeit zeigt.

F Wie wächst die empfundene Lautstärke, wenn eine Trompete zu schmettern beginnt, dann eine zweite dazu kommt, dann eine dritte, dann eine vierte usw.?

G Entwicklung der Aktienkurse immer am Ende eines Tages aufgenommen.

H Jährliche «Grippe-Welle»: Entwicklung der Neuerkrankungen im Verlauf des Grippemonats.

J Anfangs scheint die Bevölkerung prozentual immer gleich zu wachsen, dann fällt die Zuwachsrate aber «sanft» bis auf «Null». Wie könnte man das auch anders sagen?

7   **Die Schachlegende**

Das Schachspiel wurde um die Mitte des 6. Jahrhunderts in Indien erfunden, angeblich von einem Mann namens Qaflan für die Tochter des Königs Balhait.

Als Lohn dafür soll er den König gebeten haben, ihm für das erste Schachfeld ein Reiskorn, für das zweite 2, für das dritte Feld 4, das vierte 8 Körner usw. zu übergeben.

Diese auf den ersten Blick harmlose Forderung erweist sich als unerfüllbar.

Die Anzahl für die einzelnen Felder entwickelt sich wie folgt: 1, 2, 4, 8, 16, 32, 64, 128…

Zählt man fortlaufend zusammen, so ist die Folge: 1, 3, 7, 15, 31, 63, 127…

> Überraschend ist: Für jedes Feld ergibt sich ein Korn mehr als auf allen vorhergehenden zusammen!
>
> Das ist typisch für exponentielles Wachstum: In einer einzigen Verdoppelungszeit passiert so viel wie im ganzen Zeitraum zuvor.

1	2^1	2^2	2^3	2^4	2^5	2^6	2^7
2^8	2^9	2^{10}					2^{15}
2^{16}	2^{17}						2^{23}
2^{24}	2^{25}						2^{31}
2^{32}	2^{33}						2^{39}
2^{40}	2^{41}						2^{47}
2^{48}	2^{49}	2^{50}					2^{55}
2^{56}	2^{57}	2^{58}	2^{59}	2^{60}	2^{61}	2^{62}	2^{63}

A   Überlege oder probiere aus: Wie viele Reiskörner haben in 1 cm³ Platz? Ein wirklich grosser Güterwagen fasst höchstens 100 m³ und ist höchstens 20 m lang. Wie lang wäre ein Güterzug mit allen etwa 2^{64} Körnern?

B   Auf der ganzen Welt werden pro Jahr etwa 600 Millionen Tonnen Reis geerntet. Vergleiche.

C   Übertrage den Text zur «typischen Überraschung bei exponentiellem Wachstum» (siehe oben) auf die Entwicklung des Erdölverbrauchs, wenn er jährlich um 3.5 % steigt.

1 **Mathematische Überlegungen zu Bandenpass und Steilpass**

1.1 Zuspiel mit Hilfe der Bande

Gelangt der Ball ohne Drall an die Bande, gilt das physikalische Gesetz: Einfallswinkel = Ausfallswinkel.

Das heisst, im gleichen Winkel, wie der Ball auf die Bande trifft, wird er diese verlassen.

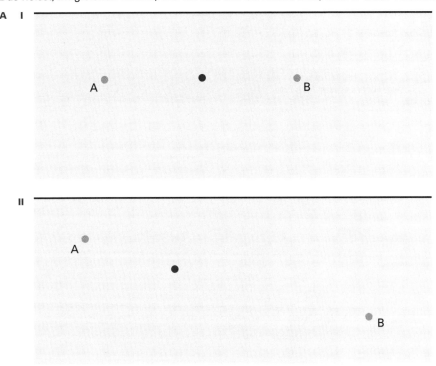

Zeichne bei beiden Beispielen I und II den Weg des Balles ein, wenn A einen Bandenpass zu B gibt.

B Miss jeweils die Winkel.

c Einfallswinkel gleich Ausfallswinkel

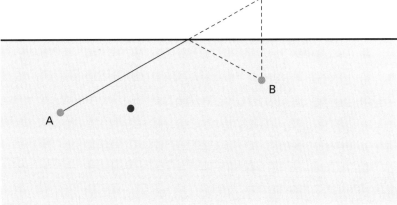

Erkläre den Trick, der hier zum Einzeichnen des Bandenpasses verwendet wurde.

1.2 Steilpässe

Nimm bei den folgenden Aufgaben jeweils an, dass der Ball mit 10 m/s und der Spieler mit 5 m/s unterwegs sind. Zuspiel in der Laufrichtung.

Spieler A gibt einen Steilpass an Spieler B. Dieser startet zur Zeit der Ballabgabe.

Nach wie vielen Sekunden wird er den Ball annehmen? Wie viele Meter wird er gespurtet sein,

A wenn der Spieler B 10 m weiter vorne startet?

B wenn der Spieler B 5 m weiter vorne startet?

c Zeichne diese Situationen in einem Diagramm auf.

D Spieler B spurtet in die Lücke. Spieler A spielt den Pass so, dass B ihn im Lauf annehmen kann. In welche Richtung muss A den Pass spielen, damit er beim laufenden Spieler B ankommt? Zeichne direkt in der Skizze ein.

E Stellt euch gegenseitig weitere solche Aufgaben. Variiert die Laufrichtung. Mögliche Situationen: B läuft A entgegen oder B läuft rechtwinklig zur Verbindungsstrecke AB weg.

2 **Turnierorganisation**

An Turnieren kann man sich in verschiedenen Sportarten als Mannschaft oder als Einzelspieler messen.

2.1 Jede Mannschaft spielt gegen jede.

Wie viele Spiele gibt es bei

A 4 Mannschaften?

B 6 Mannschaften?

c 12 Mannschaften?

D n Mannschaften?

2.2 6 Teams nehmen teil. Jedes Team spielt gegen jedes. Ein Spiel soll 12 Minuten dauern, die Pause zum Wechseln 3 Minuten. Wie lange dauert das Turnier, wenn

  A nur ein Spielplatz zur Verfügung steht?

  B zwei Spielplätze zur Verfügung stehen?

  C drei Plätze zur Verfügung stehen?

  D beliebig viele Plätze zur Verfügung stehen?

2.3 Erstelle einen Spielplan.

Jede Mannschaft spielt gegen jede. Das Turnier beginnt um 13.30 Uhr. Ein Spiel dauert 12 Minuten, die Pause zum Wechseln dauert 3 Minuten.

  A Für die Mannschaften A, B, C, D stehen zwei Spielplätze zur Verfügung.
  B Für die Mannschaften A, B, C, D, E stehen zwei Spielplätze zur Verfügung.
  C Für die Mannschaften A, B, C, D, E, F stehen drei Spielplätze zur Verfügung.

  Ein Turnlehrerinnen-Trick:

Ein Team bleibt immer auf dem gleichen Feld, zum Beispiel Team A.
Nach jedem Spiel wechseln die anderen Teams ihre fünf Felder im Uhrzeigersinn.

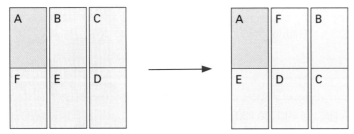

  D Für die Mannschaften A, B, C, D, E, F stehen zwei Spielplätze zur Verfügung. Die Spielpausen für die einzelnen Mannschaften sollen nicht länger als 15 Minuten dauern.

2.4 Turnier für sechs Teams mit Gruppenspielen

Die sechs Teams werden in zwei Gruppen eingeteilt. In einer Gruppe spielt jede Mannschaft gegen jede. Nach den Gruppenspielen gibt es eine Kreuzrunde. Das erste Team der Gruppe I spielt gegen das zweite Team der Gruppe II, die Dritten der Gruppen spielen um die Ränge 5 und 6.
Anschliessend gibt es den grossen Final um die Plätze 1 und 2 und den kleinen Final um die Plätze 3 und 4.

  A Erstelle einen Spielplan für sechs Teams in zwei Gruppen.
  B Wäge Vor- und Nachteile zwischen dem Modus «Gruppenspiel» und dem Modus «Jedes Team spielt gegen jedes» ab.

2.5 Die Beachmeisterschaft wird in Turnierform ausgetragen. Pro Turnier werden 16 Teams zugelassen.
  A Wie viele Spiele gäbe es, wenn jedes Team gegen jedes antreten würde?

Bei der Beachmeisterschaft nimmt jedes Team die Rangierung der vorangehenden Turniere mit. Die 16 besten dieser Kategorie dürfen am Turnier teilnehmen. Das bestrangierte Team (1) tritt gegen das schlechtestrangierte an (16). Es gilt ein doppeltes K.-o.-System. Der Grundgedanke dieses Systems ist, dass kein Team nach nur einer Niederlage ausscheidet. Verliert ein Team jedoch ein zweites Mal, scheidet es aus.

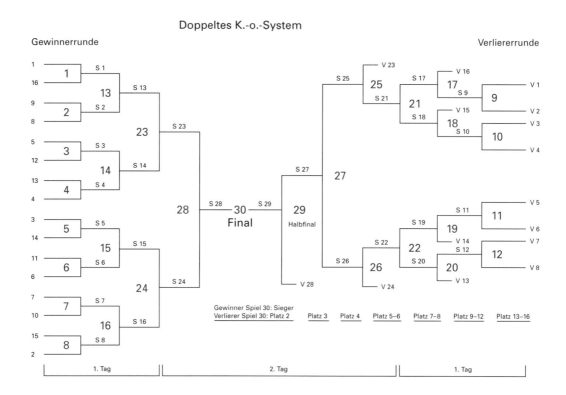

Doppeltes K.-o.-System

Für die erste Spielrunde sind die Teams im Tableau am linken Rand aufgeführt.

Nach der ersten Spielrunde gibt es Verlierer und Gewinner. Die Gewinner werden auf der linken Seite des Tableaus eingetragen, die Verlierer fallen auf die rechte Seite in die Verliererrunde. Wer auf dieser Seite nochmals verliert, scheidet aus. Das Team, das alle Spiele der Verliererrunde gewinnt, kann den Final mit dem Sieger aus der Gewinnerrunde spielen. Wer auf der Gewinnerseite ein Spiel verliert, wechselt auf die Verliererseite. Das Team, das auf der Gewinnerseite immer gewinnt, ist im Final.

Beispiel

Team 9 gewinnt das erste Spiel (Spiel 2). Es verliert das zweite Spiel (Spiel 13), gewinnt das dritte (20) und verliert das vierte Spiel (22). Es scheidet somit aus (V22). Das Team 9 hat den Platz 7 oder 8 erreicht.

B Welchen Rang erreicht das Team?

Das Team gewinnt zwei Spiele, in der dritten und vierten Runde verliert es.

C Welchen Rang kann ein Team erreichen, das nur einmal verliert?

D An Beachturnieren werden 16 Teams zugelassen.

Es sind bei diesem Modus aber auch andere Teilnehmerzahlen möglich. Welche?

E Entwickelt einen Plan für eure Klasse. Es soll nach dem oben beschriebenen Modus gespielt werden. Wer einmal verliert, wechselt in die Verliererrunde, wer zweimal verliert, scheidet aus. Alle sollen am Turnier mitmachen können. Verschiedene Sportarten sind möglich wie zum Beispiel Badminton, Armdrücken oder 80-m-Lauf.

Verteilung der Flächen in der Schweiz

Von 1992 bis 1997 wurden in der Schweiz Erhebungen zur Flächenverteilung durchgeführt.

Die Ergebnisse sind in der Arealstatistik 1997 festgehalten.

Gesamtfläche der Schweiz	41 285 km²	
Bevölkerungszahl	7 259 000	
Bestockte Fläche	30.8 %	Wald 26.7 %
		Gebüschwald 1.5 %
		Hecken 2.6 %
Landwirtschaftliche Nutzfläche	36.9 %	Obstbau, Rebbau, Gartenbau 1.5 %
		Wies- und Ackerland 22.4 %
		Alpweiden 13.0 %
Siedlungsfläche (überbaut)	6.8 %	Verkehrsfläche 2.2 %
		Industrie- und Gewerbeareale 0.5 %
		Wohn- und Dienstleistungsgebiete 3.7 %
		Erholungs- und Grünanlagen 0.4 %
Unproduktive Fläche	25.5 %	Gewässer 4.2 %
		Unproduktive Vegetation 6.4 %
		Vegetationslose Flächen 14.9 %

1   **A**   Welche der Aussagen ist richtig? Überlege, ohne den Taschenrechner zu verwenden.

	Richtig	Falsch
Die Fläche der Schweiz misst rund 4 Millionen ha.		
Die Hälfte der Flächen in der Schweiz sind Wald, Wiese, Acker.		
Gewässer machen weniger als 1 000 km² aus.		
Die Wohn- und Dienstleistungsgebiete machen höchstens 1 000 km² aus.		
Weniger als $\frac{1}{10}$ der Fläche ist überbaut.		
Auf 600 km² wird Obst- und Rebbau betrieben.		
In der Schweiz hat es mehr Alpweidefläche als Strassenfläche.		
Pro Einwohner und Einwohnerin gibt es weniger als 1 m² Alpweide.		

B   Berichtige die falschen Aussagen.

2   Die Kantone Aargau und Luzern sind fast flächengleich.

    A   Vergleiche die Angaben zur Bodennutzung in der Tabelle S. 128. Wo gibt es Unterschiede, wo sind sie ungefähr gleich?

Die Verteilung der Flächen in den Kantonen (1997)

	Aargau	Luzern	Bern	Jura	Zürich	Genf
Gesamtfläche (km²)	1 404	1 493	5 959	839	1 729	282
Bestockte Fläche (km²)	518	449	1 846	371	531	39
Unproduktive Fläche (km²)	33	101	1 150	7	100	41
Landwirtschaftliche Nutzfläche (km²)	636	818	2 582	413	751	117
Siedlungsfläche (km²)	217	125	381	48	347	85
davon Verkehrsflächen (km²)	63	40	127	16	109	20
Bevölkerungszahl (km²)	550 900	350 600	947 100	69 100	1 228 600	414 300
Bevölkerungsdichte						

B Die Siedlungsfläche des Kantons Genf ist fast doppelt so gross wie jene des Kantons Jura. Vergleiche die anderen Angaben zu beiden Kantonen und erkläre.

C Vergleiche andere Kantone, andere Angaben (zum Beispiel Anteil der Verkehrsfläche, unproduktive Fläche ...) und suche nach Erklärungen für deine Feststellungen.

D Ergänze die Angaben zur Bevölkerungsdichte in den verschiedenen Kantonen.

E Suche im Internet nach Angaben zu deinem oder einem weiteren Kanton und trage diese in die letzte Spalte ein. Vergleiche mit anderen Kantonen.

3 Erstelle für zwei Kantone ein Kreisdiagramm mit prozentualen Angaben.

4 Schätze ab.

Wie gross etwa ist die Bevölkerungsdichte

A in einer Stadt?

B im Stau auf der Gotthardautobahn?

C in deinem Dorf oder Quartier?

5 **Wohnen in einem Quartier**

Für die Überbauung des markierten Baufeldes sind noch keine Pläne vorhanden.

Bereits vorhandene Strassen sind eingezeichnet.

Überbauungsvariante A

A Trage eine Bebauung mit Einfamilienhäusern in den Plan ein, erstelle einen eigenen Plan oder baue ein Modell.

Beachte dabei Folgendes:

– Massstab des abgebildeten Plans: 1 : 2 000

– Landfläche: 17 714 m²

– Der Bebauungsplan erlaubt eine Wohnfläche von 2 657 m². Diese Wohnfläche verteilt sich auf die Erdgeschosse der Häuser.

– Die Häuser dürfen nur ein Erdgeschoss besitzen.

– Für jedes Haus muss eine Parzelle eingetragen werden und jede Parzelle muss an eine Strasse angeschlossen sein.

– Jedes Haus muss zwei Parkplätze zur Verfügung haben.

– Es soll attraktiv sein, in diesen Häusern zu wohnen.

B Erstelle eine Beschreibung dieses Quartiers.

Wie viele Menschen werden dort etwa wohnen? Wo und wie treffen sich die Menschen? Welches sind die Vorzüge deines Quartiers?

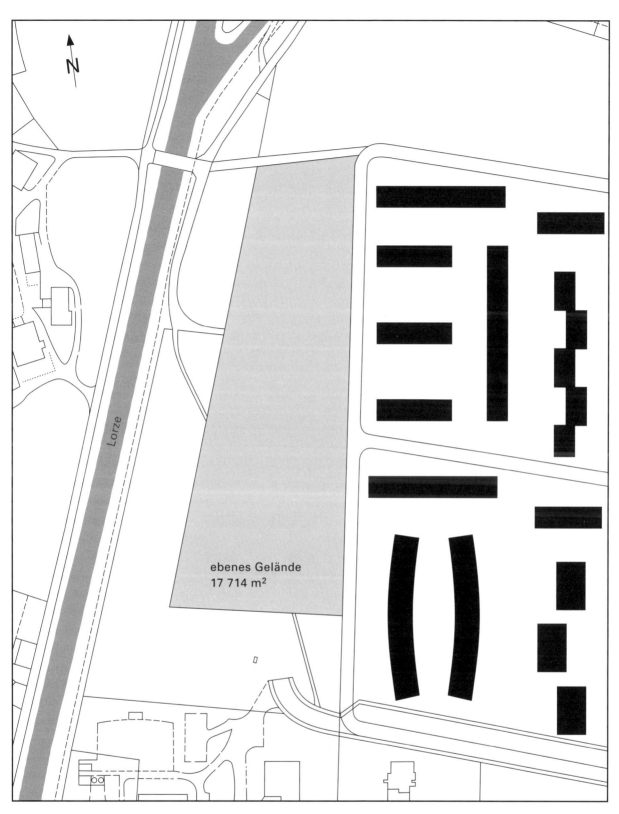

ebenes Gelände
17 714 m²

Überbaungsvariante A

Wie viele landwirtschaftliche Betriebe gibt es in der Schweiz etwa?

Gibt es in der Schweiz mehr Bäume oder mehr Menschen? Begründe.

6 **Überbauungsvariante B**

A Erstelle einen vergrösserten Plan oder baue ein Modell für eine Bebauung mit Mehrfamilienhäusern.

Beachte dabei Folgendes:

– Massstab des abgebildeten Plans: 1 : 3 000

– Landfläche: 17 714 m^2

– Der Bebauungsplan erlaubt eine Wohnfläche von 15 942 m^2.

– Die Häuser dürfen fünf Stockwerke besitzen (inkl. Erdgeschoss). Die erlaubte Wohnfläche verteilt sich auf diese 5 Stockwerke.

– Jedes Haus braucht genügend Parkplätze.

– Es braucht Treffpunkte im Freien.

– Die Häuser sollen ideal von der Sonne beschienen werden.

– Es soll attraktiv sein, in diesen Häusern zu wohnen.

B Erstelle eine Beschreibung dieses Quartiers.

Wie viele Menschen werden dort etwa wohnen? Wo und wie treffen sich die Menschen?

Welches sind die Vorzüge deines Quartiers?

Überbauungsvariante B

Der rote Planet

---

1   Der Mars und seine Monde

Phobos
Der kartoffelförmige Phobos ist übersät
von tiefen Kratern. Der grösste, Stickney,
hat einen Durchmesser von etwa 10 km.

Deimos
Es ist der kleinste bekannte Mond
im Sonnensystem.

Phobos und Deimos bewegen sich in nahezu kreisförmigen Bahnen in der Äquatorebene um den Mars. Beide Monde nähern sich dem Planeten. Diese Annäherung beträgt bei Phobos zurzeit etwa 1.8 m pro 100 Erdjahre. Er wird als Erster auf den Mars stürzen.

Ergänze folgende Tabelle.

	Mittlerer Durchmesser	Mittlerer Abstand vom Mars	Dauer einer Marsumrundung	Geschwindigkeit der Monde auf ihrer Umlaufbahn um den Mars	Ungefähres Volumen	Mittlere Dichte	Ungefähre Masse
Mars	6 786 km	———	———	———		3.9 kg/dm³	
Deimos	6 km	23 460 km	30 h 18 min			1.7 kg/dm³	
Phobos	11 km	9 380 km	7 h 39 min			1.9 kg/dm³	

---

2   Schätze ab: Wie lange dauert es etwa noch, bis Phobos auf den Mars stürzt.

---

3   Wie viele km misst die Umlaufbahn einer Sonde, die den Mars in einer Höhe von etwa 500 km umkreist?

---

4   Die Erde und ihr Mond

Ergänze die Tabelle.

	Mittlerer Durchmesser	Mittlerer Abstand der Erde	Dauer einer Erdumrundung	Geschwindigkeit des Mondes auf seiner Umlaufbahn	Ungefähres Volumen	Mittlere Dichte	Ungefähre Masse
Erde	12 756 km	———	———	———		5.5 kg/dm³	
Mond	3 476 km	384 400 km	27.3 d			3.3 kg/dm³	

5 Vergleiche Mars, Erde und ihre Monde.

6 **A** Stelle dir ein Erdmodell mit einem Durchmesser d = 0.7 m vor. Hänge dazu zum Beispiel einen Reifen (Turnmaterial) an die Wandtafel oder lege ihn auf ein grosses Blatt Papier und zeichne die Abstände aus der unten stehenden Tabelle massstabgerecht ein.

	Tatsächliche Grösse	Grösse im Modell
Erddurchmesser	12 756 km	0.7 m
Erdradius		
Durchschnittliche Höhe einer um die Erde kreisenden Raumfähre	300 km	
Flughöhe eines Flugzeuges	12 km	
Tiefster Meeresgraben	11 km	
Höchste Erhebung (Mount Everest)	8.8 km	
Höhe eines Wolkenkratzers mit 100 Stockwerken	0.3 km	

B Wie gross ist der Massstab dieses Modells?

C Wie gross wäre der Durchmesser des Mondes in diesem Massstab?

D Wie weit wäre die Sonne in diesem Modell von der Erde entfernt?

7 **Erde und Mars: Distanzen vom Mars zur Erde im 21. Jahrhundert (Grafik I)**

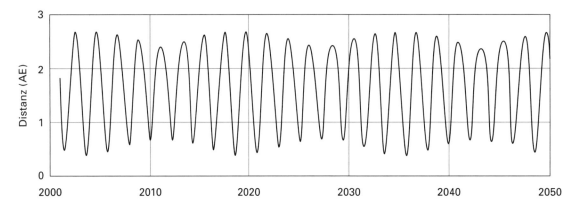

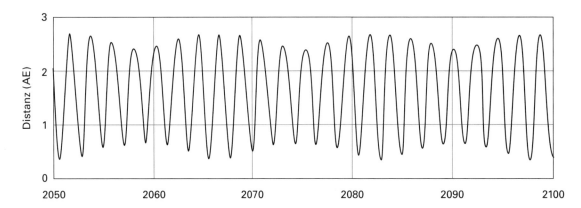

Die Einheit AE bedeutet astronomische Einheit und ist die mittlere Distanz von der Erde zur Sonne: $1\ AE \approx 1.5 \cdot 10^8$ km. Alle 779 Tage überholt die schneller um die Sonne kreisende Erde den etwas langsameren Mars. Dann ist die Distanz zwischen den beiden Planeten jeweils am geringsten. Diese Schwankungen der Distanz sind in der Grafik I zu erkennen.

A Zeichne die Annäherungen von Juni 2001 und August 2003 in der Grafik I ein.

B Markiere in der Grafik I den Zeitpunkt mit der jeweils grössten und kleinsten Distanz in diesem Jahrhundert. Bestimme die Distanzen in km.

8 **Erde und Mars auf ihrer Umlaufbahn um die Sonne am 1. November 2005 (Grafik II)**

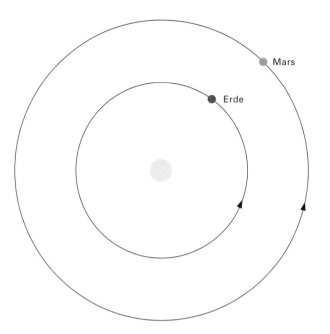

Umlaufzeit um die Sonne:
Erde   365 d
Mars   687 d

A Trage die Position der beiden Planeten für jeden Monat im Jahre 2005 in der Grafik II ungefähr ein.

B Markiere die kürzeste und längste Distanz im Jahre 2005 in den Grafiken I und II.

C In welcher Position ist die Entfernung Mars–Erde 1 AE? Zeichne in die Grafik II ein Beispiel ein.

D In welcher Position ist die Entfernung Mars–Erde mehr als 2 AE? Zeichne in die Grafik II ein Beispiel ein.

9 A Die nächsten extremen Annäherungen finden im August 2050 mit 55.96 Millionen km und Ende August 2082 mit 55.88 Millionen km statt. Zeichne die Distanzen in Grafik I ein.

B Ergänze die Tabellen.

Kleinste Abstände

	Juni 2001	August 2003	November 2005	Dezember 2007	Januar 2010	März 2012
AE						
km						

Grösste Abstände

	Juli 2002	September 2004	November 2006	Januar 2009	März 2011	Mai 2013
AE						
km						

10 Beschreibe die Form der Kurve in der Grafik I.

11 Unser Sonnensystem

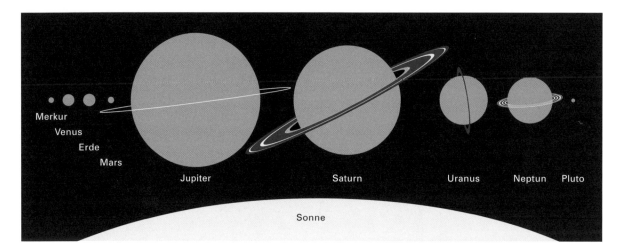

	Mittlere Entfernung der Umlaufbahn vom Sonnenmittelpunkt	Mittlerer Durchmesser	Ungefähres Volumen	Umlaufzeit um die Sonne (Erdentage)	Ungefähre Geschwindigkeit auf der Umlaufbahn
Sonne		$1.393 \cdot 10^6$ km			
Merkur	$5.790 \cdot 10^7$ km	$4.840 \cdot 10^3$ km		88 d	
Venus	$1.080 \cdot 10^8$ km	$1.220 \cdot 10^4$ km		225 d	
Erde	$1.500 \cdot 10^8$ km	$1.276 \cdot 10^4$ km		365 d	
Mars	$2.280 \cdot 10^8$ km	$6.787 \cdot 10^3$ km		687 d	
Jupiter	$7.780 \cdot 10^8$ km	$1.429 \cdot 10^5$ km		4 323 d	
Saturn	$1.427 \cdot 10^9$ km	$1.207 \cdot 10^5$ km		10 760 d	
Uranus	$2.870 \cdot 10^9$ km	$5.100 \cdot 10^4$ km		30 685 d	
Neptun	$4.496 \cdot 10^9$ km	$4.920 \cdot 10^4$ km		60 190 d	
Pluto	$5.946 \cdot 10^9$ km	$2.290 \cdot 10^3$ km		90 800 d	

Ergänze die Tabelle.

1 **Die Zahlen in Ägypten**

1	10	100	1000	10 000	100 000	1 000 000
I	∩	℮	⚱	J	Kaulquappe	Gott der Unendlichkeit
Merkstrich	Bügel	Messschnur	Lotusblüte	Zeigefinger	Kaulquappe	Gott der Unendlichkeit

Übersetze die ägyptischen Zahlen in unsere heutige Zeit.

2 Übersetze die folgenden Zahlen ins «Ägyptische».

2 300 654

752 003

44 629

9 999

3 Finde Zahlen, die in der ägyptischen Schreibweise viel mehr Zeichen benötigen als in unserer Schreibweise.
Finde auch Zahlen, die bei den Ägyptern kürzer geschrieben wurden.

4 Beschreibe Vor- und Nachteile der ägyptischen Zahlenschreibweise gegenüber unserem heutigen Zahlensystem.

Das Bruchrechnen der Ägypter

Die Ägypter haben als Erste anspruchsvolle Probleme mit Bruchzahlen gestellt und gelöst.

Im Papyrus Rhind (Beispielsammlung ägyptischer Rechenaufgaben, ca. 1700 v. Chr.) finden wir die folgende Aufgabe:

«Eine Menge und ihr Viertel geben zusammen 15. Finde die Menge.»

$\frac{1}{3}$ $\frac{1}{6}$ $\frac{1}{11}$

$\frac{2}{2}$ ⌐ $\frac{3}{2}$ X $\frac{2}{3}$

Mit wenigen Ausnahmen verwendeten die Ägypter nur Stammbrüche, d. h. Brüche der Form $\frac{1}{n}$. Brüche der Form $\frac{2}{n}$ wurden zerlegt.

5 Setze die Reihe der nachfolgenden Zerlegungen fort.

Gib jeweils eine allgemeine Zerlegung an.

A $\frac{2}{3} = \frac{1}{2} + \frac{1}{6}$, $\frac{2}{5} = \frac{1}{3} + \frac{1}{15}$, $\frac{2}{7} = \frac{1}{4} + \frac{1}{28}$ ...

B $\frac{2}{9} = \frac{1}{6} + \frac{1}{18}$, $\frac{2}{15} = \frac{1}{10} + \frac{1}{30}$, $\frac{2}{21} = \frac{1}{14} + \frac{1}{42}$ ...

C Wie würden die entsprechenden Zerlegungen von $\frac{2}{99}$ lauten?

D Welches Muster steckt wohl hinter der Zerlegung $\frac{2}{97} = \frac{1}{56} + \frac{1}{697} + \frac{1}{776}$?

E Finde weitere Zerlegungen von Brüchen.

Die Zahlen der Römer

Römische Zahlzeichen können wir heute noch an vielen alten Gebäuden, bei Inschriften und auf Grabsteinen sehen.

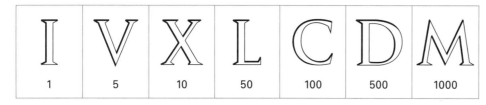

I	V	X	L	C	D	M
1	5	10	50	100	500	1000

Im Mittelalter entwickelten sich Regeln für das Darstellen der Zahlen:

1. Jedes der Zeichen I, X, C, M darf höchstens dreimal hintereinander vorkommen.

2. Die Zeichen werden der Grösse nach geordnet. Man beginnt mit dem grössten Zeichen.

   Die Werte der Zeichen werden addiert.

   Ausnahme: Die Zeichen I, X oder C dürfen einmal vor einem Zeichen mit einem höheren

   Wert stehen. Sie werden dann subtrahiert.

3. Die Zeichen V, L und D dürfen je nur einmal auftauchen.

   Beispiele

   Richtig: XI = 10 + 1 = 11, XX = 10 + 10 = 20, IX = 10 − 1 = 9, XL = 50 − 10 = 40, MDIX = 1509

   Falsch: LL = 50 + 50 = 100 (richtig ist C), IIX = 10 − 2 = 8 (richtig ist VIII), LXXXX = 50 + 40 = 90 (richtig ist XC)

---

6 Übertrage die römischen Zahlzeichen in die heutige Schreibweise.

XII	XXI	LXXV
CXI	MD	DC
CD	XL	IV
XIX	CLXII	
MMCCXL	CCXXXIV	MCMXCVII

---

7 Schreibe mit römischen Zahlzeichen. Beachte die Regeln.

104	87	456	1340	987
2001	893	1649	999	8888

---

8 Trage die fehlenden römischen Zahlen so ein, dass sich magische Quadrate ergeben.

			I
II		VII	
	X	VI	XV
XVI		IX	IV

IV		V	
XV	VI	X	
		XI	II
I		VIII	

---

9 Stelle ein magisches 3 x 3-Quadrat mit römischen Zahlen her.

10 Vergleiche die Zahlendarstellung der Römer mit unserer heutigen Zahlendarstellung.

Die Zahlen der Babylonier

11 Übersetze die Keilschrift der Babylonier in unsere Zahlendarstellung.

I

II

III

IV

V

---

12 Übertrage unsere Zahlen in babylonische Keilschrift. Denke daran, dass du die Zahl entweder durch 60, $60^2 = 3\,600$ oder $60^3 = 216\,000$ teilen musst.

Beispiel: $1\,453\,387 = 6 \cdot 216\,000 + 43 \cdot 3\,600 + 43 \cdot 60 + 7$

$216\,000 = 60^3$ ist die grösste Potenz von 60, die kleiner als $1\,453\,387$ ist.

187	
829	
2 381	
3 599	
99 837	
3 509 831	

---

13 Die Idee des Positionssystems mit einer bestimmten Basis wird auch beim Binärsystem verwendet. Computer stellen Zahlen nur mit den Ziffern 0 und 1 dar. Die Basis des binären Zahlensystems ist 2.

Die binäre Zahl 1011 entspricht der Dezimalzahl $1 \cdot 2^3 + 0 \cdot 2^2 + 1 \cdot 2^1 + 1 \cdot 2^0 = 8 + 2 + 1 = 11$

Stelle die Dezimalzahlen von 1 bis 20 im Binärsystem dar. Beschreibe dein Vorgehen.

14 Verwandle die folgenden Binärzahlen in Dezimalzahlen.

1   11   111   1111   11111   ...

10   100   1000   10000   ...

Der Binärbruch 0.1 entspricht im Dezimalsystem 0.5, denn $0.1 = 1 \cdot 2^{-1} = \frac{1}{2}$.

15 **A** Schreibe jeden Binärbruch als Dezimalbruch und als gewöhnlichen Bruch.

0.1   0.11   0.111   0.1111   ...

0.01   0.001   0.0001   ...

B Verwandle die Brüche $\frac{1}{3}, \frac{1}{4}, \frac{1}{5}$ in Binärbrüche.

16 Zeige, dass sich jede Dezimalzahl in nur einer einzigen Weise als Binärzahl schreiben lässt.

17 **A** Wie viele Stellen braucht es, um eine natürliche Zahl n im Dezimalsystem darzustellen?

B Wie viele Stellen braucht es, um eine natürliche Zahl n im Binärsystem darzustellen?

Die Zahlen bei den Griechen

Bezüglich der Darstellung von Zahlen haben die Griechen keine bahnbrechenden Erfindungen gemacht.

Neben den Herodianischen Zahlzeichen gab es die Milesischen Zahlzeichen, die an das griechische Alphabet anknüpfen.

$1 = \overline{\alpha}$, $2 = \overline{\beta}$, $3 = \overline{\gamma}$, $4 = \overline{\delta}$, $5 = \overline{\epsilon}$, $6 = \overline{\varsigma}$, $7 = \overline{\zeta}$, $8 = \overline{\eta}$, $9 = \overline{\vartheta}$,

$10 = \overline{\iota}$, $20 = \overline{\varkappa}$, $30 = \overline{\lambda}$, $40 = \overline{\mu}$, $50 = \overline{\nu}$, $60 = \overline{\xi}$, $70 = \overline{o}$, $80 = \overline{\pi}$, $90 = \overline{\varsigma}$,

$100 = \overline{\rho}$, $200 = \overline{\sigma}$, $300 = \overline{\tau}$, $400 = \overline{\upsilon}$, $500 = \overline{\varphi}$, $600 = \overline{\chi}$, $700 = \overline{\psi}$, $800 = \overline{\omega}$, $900 = \overline{\lambda}$,

Der Querstrich charakterisiert die Buchstaben als Zahlen.

Die drei Zeichen Stigma (ς), Koppa (ϟ), Sampi (ϡ) gehören eigentlich nicht zum griechischen Alphabet, sie wurden einem älteren Alphabet entnommen.

Beispiele

$192 = \overline{\rho \varsigma \beta}$ $3\,007 = \overline{{}_{\prime}\gamma\zeta}$ $46\,530 = M\overset{\circ}{\vartheta}, \overline{\varsigma\varphi\lambda}$

---

18   Schreibe die folgenden Zahlen mit den Milesischen Zahlzeichen.

| 11 | 12 | 23 | 45 | 2222 |

Brüche wurden durch Akzente gekennzeichnet, wobei bei Stammbrüchen nur der Nenner (mit Doppelstrich) auftritt.

$\frac{1}{3} = \gamma''$ $\frac{1}{276} = \sigma o \varsigma''$ $\frac{4}{85} = \delta' \, \pi\epsilon'' \, \pi\epsilon''$

Die Griechen beschäftigten sich ausgiebig mit Eigenschaften von Zahlen. Sie unterschieden gerade und ungerade Zahlen, Primzahlen und zusammengesetzte Zahlen, vollkommene Zahlen und sie stellten Zahlen figürlich dar (Dreieckszahlen, Quadratzahlen usw.).

Untersucht wurden auch Zahlenverhältnisse, die zum Beispiel in der Natur oder in der Musik auftauchten (Intervalle). Brüche wurden noch nicht als eigenständige Zahlen gedeutet.

Beispiel: Vollkommene Zahlen

Eine Zahl heisst vollkommen, wenn die Summe der echten Teiler der Zahl gerade gleich der Zahl selber ist.

6 ist eine vollkommene Zahl, denn 6 hat die (echten) Teiler 1, 2, 3 und $6 = 1 + 2 + 3$.

---

19   Prüfe folgende Behauptung: 28 ist eine vollkommene Zahl.

Es gilt: Eine Zahl der Form $2^{p-1}(2^p - 1)$ ist eine vollkommene Zahl, falls p eine Primzahl ist.

---

20   Finde mit obiger Formel weitere vollkommene Zahlen.

Übrigens 265 845 599 156 983 174 465 469 561 595 384 217 ist auch eine vollkommene Zahl! Wie heisst sie?

---

1 **A-Formate**

Aus dem Papierformat A0 entsteht durch fortlaufendes Halbieren das Format A1, dann A2, A3 usw. In der unten stehenden Zeichnung werden die Blätter der verschiedenen Formate aufeinander gelegt. Vergleiche auch mit Aufgabe 2 im *mathbu.ch 9*.

A Zeichne die Formate A1, A3, A4,… ein.

B Mit welchem Massstab ist die Zeichnung verkleinert worden?

2 Die Papierformate A0, A1, A2,… (genauer eigentlich DIN A0, DIN A1, DIN A2 …, DIN = Deutsche Industrie-Norm) sind durch folgende Forderungen festgelegt:

Die Fläche des Formates A0 beträgt 1 m².

Das Verhältnis der Länge zur Breite beträgt bei allen Formaten $\sqrt{2}$: 1.

A Prüfe mit dem Taschenrechner, dass für $\sqrt{2}$: 1 beim halbierten Blatt das Verhältnis von Länge zu Breite wieder genau $\sqrt{2}$: 1 beträgt.

Auf Grund der obigen Forderungen bekommt man für das Format A0 die genaueren Abmessungen 1 189.207 mm x 840.896 mm.

B Berechne damit die Längen und Breiten der Formate A1, A2, A3 usw.

Stelle die Resultate in einer Tabelle dar. Rechne immer mit drei Nachkommastellen.

C Warum verwendet man wohl gerundete Massangaben? Wie wird gerundet?

3 **Kuvertformate**

Die folgende Tabelle enthält Formate für Kuverts.

Format	Grösse in mm	wird verwendet für
C6	114 x 162	A4 (zweimal gefaltet)
DL	110 x 220	A4 (zweimal gefaltet = $\frac{1}{3}$ A4)
C6/C5	114 x 229	A4 (zweimal gefaltet = $\frac{1}{3}$ A4)
C5	162 x 229	A4 (einmal gefaltet)
C4	229 x 324	A4
C3	324 x 458	A3

A Finde in der Tabelle Gesetzmässigkeiten. Wie ist hier das Verhältnis der Länge zur Breite?

B Wie gross wäre ein Kuvert vom Format C0?

C Wie viele mm² grösser ist die Fläche eines Kuverts C5 im Vergleich zum entsprechenden Blatt (A5)?

D Wie würdest du ein A4-Blatt falten, damit es in einem DL- oder C6/C5-Kuvert Platz hat?

E Versuche ein A4-Blatt durch Falten genau zu dritteln.

4 **Hüllengewichte**

Die folgende Tabelle enthält Gewichte von Kuverts.

Hüllengewichte

Papiergewichte	DIN C6	DIN Lang	DIN C5	DIN C4
60 g/m²	2.7 g	3.6 g	5.6 g	11.1 g
70 g/m²	3.2 g	4.2 g	6.5 g	13.0 g
80 g/m²	3.7 g	4.8 g	7.4 g	14.8 g
90 g/m²	4.1 g	5.4 g	8.4 g	16.6 g
100 g/m²	4.6 g	6.0 g	9.3 g	18.5 g
110 g/m²	5.1 g	6.6 g	10.2 g	20.4 g
120 g/m²	5.5 g	7.2 g	11.1 g	22.2 g

Für Formate, die nicht in obiger Tabelle enthalten sind, kann das Gewicht nach folgender Faustformel berechnet werden:

(Breite [in mm] x Länge [in mm] x Papiergewicht [in g/m²] x 2.5) : 1 000 000

A Deute die angegebene Formel.

B Überprüfe, ob die Formel auch für die Formate der Tabelle stimmt.

5 **Bücherformate**

Die Formate B0, B1, B2, B3,… werden meistens bei Büchern verwendet. B0 hat die Masse 1 000 mm x 1 414 mm.

Wie bei den A-Formaten entstehen die weiteren B-Formate durch Halbieren.

A Berechne die Formate B1, B2, B3 und B4.

B Wie ist das Verhältnis von Länge zu Breite bei den B-Formaten?

6 **Vergrössern und Verkleinern**

Du möchtest Notizen eines Mitschülers kopieren. Dieser hat in ein Heft mit dem Format A4 geschrieben.

Um Papier zu sparen, legst du immer zwei Seiten nebeneinander auf den Kopierer und verkleinerst sie auf A4.

A Welchen Faktor (in Prozent) musst du einstellen? Begründe deine Antwort.

B Welchen Vergrösserungsfaktor (in Prozent) musst du beim Kopierer einstellen, damit die Fläche der kopierten Figur doppelt so gross ist wie beim Original?

C Welchen Verkleinerungsfaktor (in Prozent) musst du einstellen, damit die Fläche der kopierten Figur nur noch drei Viertel beträgt?

D Welchen Verkleinerungsfaktor musst du einstellen, um ein Buchformat B4 auf die Grösse eines A4-Blattes zu verkleinern?

7 **Fotoformate**

Für Fotos sind folgende Formate üblich (Stand 2004):

9 cm x 13 cm	Preis pro Foto: CHF 0.50
10 cm x 15 cm	Preis pro Foto: CHF 0.70
13 cm x 18 cm	Preis pro Foto: CHF 0.90

A Welches Format ist am billigsten?

B Wie lassen sich mehrere Fotos eines bestimmten Formates am besten in ein Album vom Format A4 kleben?

C Finde zu jedem Fotoformat ein optimales Albumformat.

8 **Formate von Banknoten**

Die folgende Tabelle enthält die Formate von Schweizer Banknoten und der Euro-Noten (alle Masse in Millimeter).

In der Spalte ganz links sind die Erscheinungsjahre der verschiedenen Banknotenserien angegeben.

Beispiele

Die 10-Franken-Note von 1956 hat ein Format von 75 mm x 137 mm, die 100-Franken-Note von 1918 hat ein Format von 115 mm x 180 mm, die 20-Euro-Note hat ein Format von 72 mm x 133 mm.

Beachte, dass 1918 zwei verschiedene 20-Franken-Noten erschienen sind.

	5	10	20	40	50	100	200	500	1000
1907					103 x 166	116 x 183		126 x 199	132 x 215
1911	70 x 125	82 x 135	95 x 163	82 x 144	106 x 165	115 x 181		125 x 200	131 x 216
1918			86 x 143 88 x 141			115 x 180			
1938					96 x 167	106 x 190		116 x 210	125 x 228
1956		75 x 137	85 x 155		95 x 173	105 x 191		115 x 210	125 x 228
1976		66 x 137	70 x 148		74 x 159	78 x 170		82 x 181	86 x 192
1995		74 x 126	74 x 137		74 x 148	74 x 159	74 x 170		74 x 181
Euro	62 x 120	67 x 127	72 x 133		77 x 140	82 x 147	82 x 153	82 x 160	

A Studiere die Tabelle! Was hat sich im Verlaufe der Zeit vor allem geändert? Wie unterscheiden sich die Formate der neuesten Noten von älteren «Modellen»?

_____

_____

_____

_____

B Gibt es Noten, bei denen das Verhältnis von Länge zur Breite etwa $\sqrt{2} : 1$ beträgt?

_____

_____

C

Schaue im Internet nach, wie die verschiedenen Noten aussehen respektive ausgesehen haben.

D Die verschiedenen Banknoten-Formate sollen auch dazu beitragen, dass sehbehinderte Menschen die Noten besser unterscheiden können.

Schneidet aus Papier 1995-er-Noten im richtigen Format aus. Verbindet die Augen und versucht, die «Werte» der einzelnen Noten nur anhand der Grösse zu erkennen.

9 **Formate von Etiketten**

Auf einer Schachtel mit Inkjet+Laser+Kopier-Etiketten ist die folgende Illustration angebracht

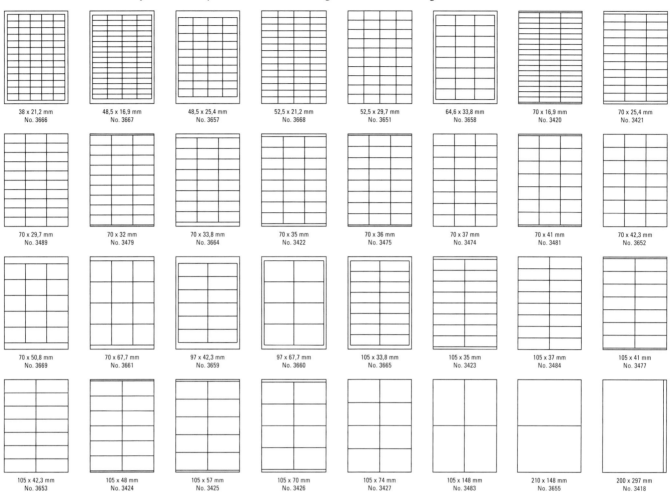

38 x 21,2 mm No. 3666	48,5 x 16,9 mm No. 3667	48,5 x 25,4 mm No. 3657	52,5 x 21,2 mm No. 3668	52,5 x 29,7 mm No. 3651	64,6 x 33,8 mm No. 3658	70 x 16,9 mm No. 3420	70 x 25,4 mm No. 3421
70 x 29,7 mm No. 3489	70 x 32 mm No. 3479	70 x 33,8 mm No. 3664	70 x 35 mm No. 3422	70 x 36 mm No. 3475	70 x 37 mm No. 3474	70 x 41 mm No. 3481	70 x 42,3 mm No. 3652
70 x 50,8 mm No. 3669	70 x 67,7 mm No. 3661	97 x 42,3 mm No. 3659	97 x 67,7 mm No. 3660	105 x 33,8 mm No. 3665	105 x 35 mm No. 3423	105 x 37 mm No. 3484	105 x 41 mm No. 3477
105 x 42,3 mm No. 3653	105 x 48 mm No. 3424	105 x 57 mm No. 3425	105 x 70 mm No. 3426	105 x 74 mm No. 3427	105 x 148 mm No. 3483	210 x 148 mm No. 3655	200 x 297 mm No. 3418

A Bei welchem Ettiketten-Typ entsteht der meiste Abfall? Gib den Abfall jeweils auch in Prozent an.

B Bei welchen Etiketten ist das Verhältnis von Länge zur Breite (theoretisch) $\sqrt{2} : 1$?

C Wie könnte man ein A4-Blatt (297 mm x 210 mm) auch noch in Etiketten einteilen, ohne dass Abfall entsteht?
Länge und Breite (in mm) sollen ganzzahlig sein.
Hinweis: Verwende die Primzahlzerlegung von 210 und 297.

Die nachfolgenden Erläuterungen beziehen sich auf die im *mathbu.ch 9* vorgestellten Tricks.

Du findest jeweils eine Erklärung, wie der Trick funktioniert. Ausgehend von diesen Erklärungen sollst du dir jeweils überlegen, warum der Trick funktioniert. Alle Tricks lassen sich mit Mathematik erklären!

1　Zwei Päckchen

Wie der Trick funktioniert

Methode: Hinter seinem Rücken zählt der «Mathemagier» die Karten, von oben angefangen, in seine rechte Hand, wobei er den Satz aufsagt, den er später benutzen will (A und B). Dadurch werden die gezählten Karten umgeordnet (C).

Hier lautet der Satz **«Das ist die gewählte Karte»**.

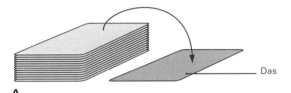

A

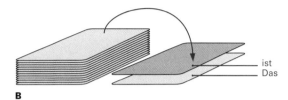

B

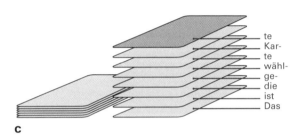

C

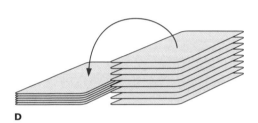

D

Die umgeordneten Karten werden zurück auf das Spiel gelegt (D). Wenn später der Zuschauer die Karten, die er in der Tasche hatte, zurücklegt, kommt die gesuchte Karte automatisch an die richtige Stelle.

Wichtig: Der Satz, der zum Aufsagen benutzt wird, muss mehr Wörter enthalten, als Karten in jedem der beiden Päckchen sind. Aus diesem Grunde darf die Anzahl der Karten in den beiden Päckchen eine gewisse Zahl (in unserem Fall 7 Karten) nicht überschreiten.

2　Im Kopf die dritte Wurzel ziehen

Wie der Trick funktioniert

Es genügt, die dritten Potenzen der Zahlen 0, 1, 2, 3, ..., 9 (auswendig) zu kennen.

n	n^3
0	0
1	1
2	8
3	27
4	64
5	125
6	216
7	343
8	512
9	729

Betrachte die fett gedruckten Ziffern. Was fällt dir auf?

Berechne mit obiger Liste die dritten Potenzen der Zahlen 10, 20, 30, ..., 90.

Welches ist wohl die Zehnerziffer der dritten Wurzel von 185 193?

Überlege dir, warum der Trick nicht auch mit den zweiten Potenzen funktioniert.

3   **Der Trick mit den Würfeln**

Wie der Trick funktioniert

Um die Summe der fünf dreistelligen Zahlen zu finden, genügt es, die Einerziffern dieser Zahlen zu addieren und die Summe von 50 zu subtrahieren. Das Ergebnis dieser Subtraktion setzt du vor die obige Summe.

Beispiel: Die Summe der Einerziffern beträgt 26. 50−26 = 24, die Summe der fünf dreistelligen Zahlen beträgt folglich 2 426.

   –   Betrachte die Zahlen auf den fünf Würfeln. Was fällt dir auf? Erkennst du Gesetzmässigkeiten?

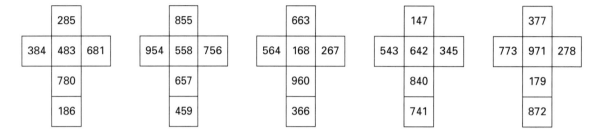

4   **Vorhersage auf dem Kalenderblatt**

Wie der Trick funktioniert

Die «Mathemagierin» merkt sich bei ihrem Blick auf das Quadrat zwei Eckzahlen. Es spielt keine Rolle, welches Paar das ist.

Die beiden Zahlen werden addiert und die Summe wird mit 2 multipliziert. Das Produkt ist die Antwort.

Anstelle der Eckzahlen kann man zwei beliebige zum Mittelpunkt des 4 x 4-Quadrats symmetrische Zahlen nehmen.

   – Prüfe nach, warum das so ist.

   – Der Trick funktioniert auch mit einem Hunderterfeld. Überprüfe das.

5   **Erraten der Würfelsumme**

Wie der Trick funktioniert

Bevor der «Mathemagier» die Würfel aufnimmt, addiert er deren Werte. Zählt er noch 7 dazu, so erhält er dein Ergebnis.

Die nachfolgenden Tricks sind nicht im *mathbu.ch 9* beschrieben.

6   **Fibonacci-Rechentrick**

(Der Fibonacci-Rechentrick ist bereits im Arbeitsheft von *mathbu.ch 8* im Thema «Zahl folgt auf Zahl folgt auf Zahl ... » beschrieben.)

Die «Mathemagierin» bittet dich, zwei Zahlen aufzuschreiben und daraus wie folgt eine Folge von zehn Zahlen zu bilden: Die Summe der beiden Zahlen liefert die dritte Zahl, die Summe der zweiten mit der dritten Zahl die vierte usw.

Beispiel

   1. Zahl   3

   2. Zahl   7

   3. Zahl   10 (= 7 + 3)

   4. Zahl   17

   5. Zahl   27

   6. Zahl   44

   7. Zahl   71

   8. Zahl   115

   9. Zahl   186

   10. Zahl   301

Nun musst du die zehn Zahlen zusammenzählen. Bevor du fertig bist, nennt die «Mathemagierin» die richtige Summe: 781.

Wie der Trick funktioniert

Die Summe der zehn Zahlen ist genau 11-mal so gross wie die 7. Zahl (11 · 71 = 781).

   –   Schreibe zwei Zahlen auf, rechne wie beschrieben die zehn Zahlen aus und prüfe nach, dass die Summe der zehn Zahlen genau 11-mal so gross wie die 7. Zahl ist.

   –   Beweise den Sachverhalt allgemein.

7 **Der Bruch in der Kette**

Für diesen Trick wird ein Satz von 28 Dominosteinen gebraucht.

Der «Mathemagier» schreibt eine Zahl auf ein Stück Papier, das gefaltet und zur Seite gelegt wird. Die Dominosteine werden gemischt und, wie bei einem normalen Spiel, so nebeneinander gelegt, dass die Enden zusammenpassen. Ist die Kette vollständig, werden die Augenzahlen an beiden Enden der Kette notiert. Das Papier wird entfaltet. Auf ihm stehen die beiden Zahlen.

Wie der Trick funktioniert

Vor dem Trick nimmt der «Mathemagier» heimlich einen Dominostein aus dem Spiel und merkt sich dessen beide Augenzahlen. Diese Zahlen schreibt er als seine Vorhersage auf.

– Finde heraus, ob der Trick auch funktioniert, wenn du nur Dominosteine mit Augenzahlen 0, 1 oder 0, 1, 2 oder 0, 1, 2, 3 usw. nimmst.

8 **Zahlenraten**

Die «Mathemagierin» fordert dich auf, dir eine Zahl zwischen 1 und 63 zu denken. Dann zeigt sie dir nacheinander die unten abgebildeten sechs Karten. Bei jeder musst du angeben, ob deine gedachte Zahl auf der Karte vorkommt oder nicht. Am Schluss nennt die Magierin deine gedachte Zahl:

1	3	5	7	9	11
13	15	17	19	21	23
25	27	29	31	33	35
37	39	41	43	45	47
49	51	53	55	57	59
61	63				

2	3	6	7	10	11
14	15	18	19	22	23
26	27	30	31	34	35
38	39	42	43	46	47
50	51	54	55	58	59
62	63				

4	5	6	7	12	13
14	15	20	21	22	23
28	29	30	31	36	37
38	39	44	45	46	47
52	53	54	55	60	61
62	63				

8	9	10	11	12	13
14	15	24	25	26	27
28	29	30	31	40	41
42	43	44	45	46	47
56	57	58	59	60	61
62	63				

16	17	18	19	20	21
22	23	24	25	26	27
28	29	30	31	48	49
50	51	52	53	54	55
56	57	58	59	60	61
62	63				

32	33	34	35	36	37
38	39	40	41	42	43
44	45	46	47	48	49
50	51	52	53	54	55
56	57	58	59	60	61
62	63				

Wie der Trick funktioniert

Bei jeder Karte, auf der die gedachte Zahl vorkommt, merkt sich die «Mathemagierin» die Zahl oben links und zählt alle diese Zahlen zusammen. Die Summe ist gleich der gedachten Zahl.

Hinweis:

Das Buch «Mathematik und Magie» von Martin Gardner, DUMONT-Verlag, enthält unzählige weitere verblüffende Tricks.

Swissmetro, ein unterirdisches Verkehrssystem

Normalbetrieb	alle 15 min fährt ein Zug ab
Fahrzeit zwischen zwei Stationen	immer 12 min
Haltezeit zum Ein- und Aussteigen	immer 3 min
Anzahl Plätze pro Fahrzeug bei normaler Länge	208
Anzahl Plätze im verlängerten Fahrzeug	416
Anzahl Türen pro Fahrzeug (normale Länge)	4
Breite der Türen	1.2 m
Geschwindigkeit	bis 600 km/h

---

1 **Das Swissmetro-Netz**

Das Hauptnetz in der Schweiz soll aus den beiden Achsen Genf–St. Gallen und Basel–Bellinzona bestehen.

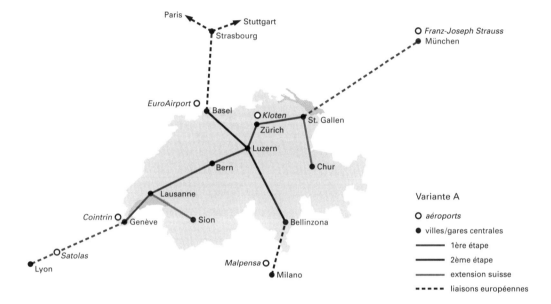

Variante A

- O aéroports
- ● villes/gares centrales
- —— 1ère étape
- —— 2ème étape
- —— extension suisse
- ---- liaisons européennes

1.1 Die Strecke Genf–St. Gallen ist 326 km, die Strecke Basel–Bellinzona 208 km lang.

Wie lange dauert die Reise mit der Swissmetro von Genf nach St. Gallen und wie lange von Basel nach Bellinzona?

1.2 Die Fahrzeit der Zugreise von Genf nach St. Gallen beträgt heute etwa 3 h, jene von Basel nach Bellinzona etwa 3.5 h. Vergleiche mit den Möglichkeiten der Swissmetro.

1.3 Wie viel beträgt die reine Fahrzeit auf der 208 km langen Strecke Basel–Bellinzona? Vergleiche mit der Geschwindigkeitsangabe.

1.4 Vergleiche die Geschwindigkeit der Swissmetro mit jener von Fahrrad, Auto und Flugzeug.

1.5   Wie viele Personen können maximal in einer Stunde von Basel nach Bellinzona transportiert werden?

1.6   Wie viele Menschen können auf beiden Achsen des Swissmetro-Netzes maximal gleichzeitig unterwegs sein, wenn der 15-Minuten-Takt überall gilt?

2   **Der Swissmetro-Fahrplan**

Vorgesehener Fahrplan für die Strecke Genf–St. Gallen

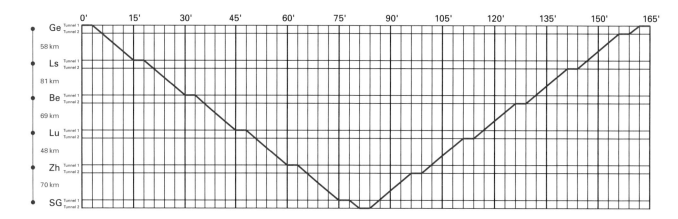

2.1   Markiere im Fahrplan die Fahrzeiten blau und die Haltezeiten zum Ein- und Aussteigen rot.

2.2   Zeichne im Fahrplan die Fahrt des vorhergehenden und des nächsten Zuges ein.

2.3   Wie stellst du dir das Aus- und Einsteigen der Leute vor, wenn dafür 3 Minuten zur Verfügung stehen? Wie könnte das funktionieren? Verfasse einen kurzen Bericht.

2.4   Wie viele Personen können mit diesem Fahrplan im Maximum von 6.00 Uhr bis 23.00 Uhr von Genf nach St. Gallen transportiert werden?

2.5   Angenommen, die Strecken wären nur einspurig gebaut und die Züge könnten nur an den Stationen kreuzen. Wie viele Personen könnten dann in 6 Stunden von Genf nach St. Gallen reisen?

2.6 Bei zwei Spuren kann zu Spitzenzeiten sogar alle 6 Minuten ein Zug abfahren. Zusätzlich besteht die Möglichkeit, das Fahrzeug zu verlängern und die Kapazität zu verdoppeln.
Wie viele Personen können so in einem Tag von Genf nach St. Gallen transportiert werden?

2.7 Im Jahre 1997 wurden für das Jahr 2010 die folgenden Passagierzahlen geschätzt:

Strecke der Swissmetro	Durchschnittliche tägliche Passagierzahlen (Total der beiden Richtungen)
Genf–Lausanne	27 000
Lausanne–Bern	24 000
Bern–Luzern	59 000
Luzern–Zürich	95 000
Zürich–St. Gallen	30 000
Basel–Luzern	26 000
Luzern–Bellinzona	18 000

Vergleiche deine Ergebnisse aus Aufgabe 2.6 mit den 1997 durchgeführten Hochrechnungen.

3 **Der Swissmetro-Bau**

Aus Sicherheitsgründen ist es vorgesehen, jede Spur in einen eigenen Tunnel zu legen. Die beiden Tunnelröhren werden im Abstand von 25 m gebohrt.

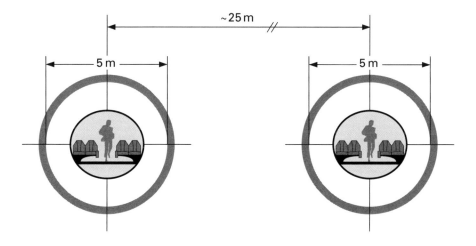

3.1 Nach dem Bau wird Erdmaterial übrig bleiben, der Aushub.
Die Grafik zeigt einen Vergleich des übrig bleibenden Aushubs im Tunnelbau bei verschiedenen Verkehrssystemen.

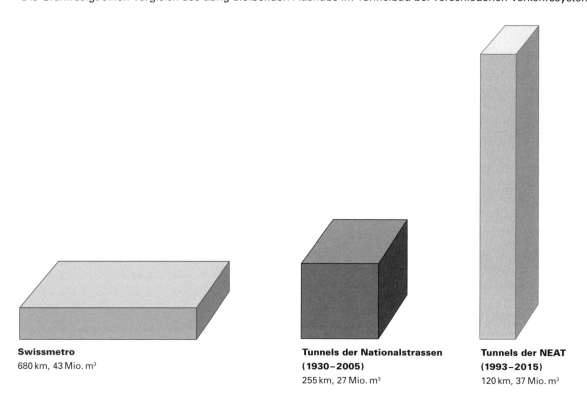

Swissmetro
680 km, 43 Mio. m³

Tunnels der Nationalstrassen
(1930–2005)
255 km, 27 Mio. m³

Tunnels der NEAT
(1993–2015)
120 km, 37 Mio. m³

A Vergleiche die Menge des Aushubmaterials der verschiedenen Tunnel pro Kilometer Tunnel.

B Warum hat die Swissmetro wesentlich weniger übrig bleibenden Aushub pro Kilometer Tunnel als die NEAT?

C Wie lang, breit und hoch könnten die abgebildeten Quader sein?

D Angenommen, man könnte das ganze Aushubmaterial der Swissmetro zu einem Würfel aufschütten.
Welche Kantenlänge hätte der Würfel etwa?

3.2 Die Grafik zeigt die durchschnittlichen Baukosten in Millionen Franken pro km für Autobahn, Eisenbahn und Swissmetro.
Dabei wird ein Tunnelanteil von 0 % bis 100 % berücksichtigt.

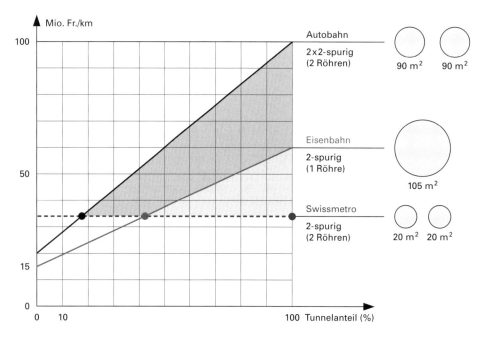

● ● Tunnelanteil, ab welchem die Swissmetro (2 Röhren) billiger ist

3.3 Welche der folgenden Aussagen sind auf Grund der Darstellung richtig? Streiche die falschen durch.

A Der Bau eines Kilometers Autobahn mit einem Tunnelanteil von 10 % ist im Durchschnitt günstiger als ein Kilometer der Swissmetro.

B Der Bau eines Kilometers Eisenbahn mit einem Tunnelanteil von 10 % ist im Durchschnitt teurer als ein Kilometer der Swissmetro.

C Der Bau eines Eisenbahnkilometers mit einem Tunnelanteil von 10 % kostet ca. 20 Millionen Franken.

D Ein Eisenbahnkilometer ohne Tunnel kostet durchschnittlich 15 Millionen Franken.

E 100 m Eisenbahntunnelröhre kosten rund 5 Millionen Franken.

F 1 km Eisenbahn im Tunnel kostet im Durchschnitt rund 60 Millionen Franken.

G Bei einem Tunnelanteil von 50 % der Strecke kostet ein Kilometer Autobahn CHF 60 000 000.

H Die Eisenbahn hat in der Schweiz einen Tunnelanteil von fast 45 %.

I Ein Kilometer des Swissmetro-Doppeltunnels kostet im Durchschnitt 34 Millionen Franken.

J Ein Meter Autobahn ohne Tunnel kostet rund CHF 20 000.

K Bei einem Tunnelanteil von fast 20 % ist die Autobahn gleich teuer wie die Swissmetro.

L Bei einem Tunnelanteil von 10 % ist die Autobahn teurer als die Swissmetro.

M Bei einem Tunnelanteil von 42 % ist die Autobahn teurer als die Swissmetro.

N Ab einem Tunnelanteil von ca. 40–45 % ist die Eisenbahn teurer als die Swissmetro.

O Für die Eisenbahn wurde mit einem durchschnittlichen Tunneldurchmesser von fast 12 m gerechnet.

P In der Schweiz sind alle Eisenbahnstrecken doppelspurig.

Q 1 m Autobahn mit Tunnel kostet im Durchschnitt CHF 1 000 000.

3.4 In der Grafik sind die Tunnelquerschnitte als Kreisflächen dargestellt.

Berechne die Radien der verschiedenen Tunnels und zeichne die Tunnelquerschnitte massstabgetreu.

4 **Das Swissmetro-Ticket**

4.1 1997 wurde für die Berechnung der möglichen Einnahmen der Swissmetro ein Kilometertarif von 0.276 CHF/km angenommen.

Berechne die Fahrpreise mit Hilfe dieser Annahme. Runde deine Ergebnisse.

Strecke	Länge (km)	Fahrpreis (CHF)
Genf–Lausanne	58	
Lausanne–Bern	81	
Bern–Luzern	69	
Luzern–Zürich	48	
Zürich–St. Gallen	70	
Basel–Luzern	80	
Luzern–Bellinzona	128	

4.2 Suche im Internet die aktuellen Billettpreise der SBB. Vergleiche sie mit den 1997 berechneten Swissmetro-Fahrpreisen.

Inhalt

Hinweis: Zu den Lernumgebungen 17 «Körperschule», 30 «Prüfziffern», «Algorithmen», 32 «Alles ist 0 und 1», 35 «Rund um die Welt», 36 «Mathematik mit Geräten und Werkzeugen» und «Heidi Hoffmann, Coiffeursaloninhaberin, Luzern» gibt es keine Übungen im Arbeitsheft.

Arithmetik und Algebra A
Geometrie G
Sachrechnen S

Dank

Eine Manuskriptfassung des *mathbu.ch 9* wurde im Schuljahr 2002/2003 in etwa 25 Klassen in den Kantonen Aargau, Basel-Stadt, Bern, Freiburg, Luzern, St. Gallen und Solothurn erprobt. Die Manuskriptfassungen wurden begutachtet von Margret Schmassmann, Zürich, und Prof. Dr. B. Wollring, Kassel.
Autorinnen/Autoren und Verlage bedanken sich für die wertvollen Hinweise, welche Erprobung und Begutachtung erbracht haben. Die Erkenntnisse sind bei der Überarbeitung der Manuskriptfassung so weit wie möglich berücksichtigt worden.

Text- und Bildnachweis

Umschlag: Cornelia Ernst und Marco Hagmann. S. 13: Kartenausschnitt: Bewilligung GeoZ 19.02.2004. S. 14: Kartenausschnitt: Reproduziert mit Bewilligung der kant. Vermessungsämter BS und BL vom 16.02.2004. Alle Rechte vorbehalten. S. 15: Kartenausschnitt: Reproduziert mit Bewilligung von swisstopo (BA035644). S. 44: Foto: RDB/NASA. S. 53: www.geocities.com/Heartland/Prairie/4146/michael.html. S. 107/109: Zeitungsausschnitte aus «Der Bund» vom 07.04.2001. S. 109: Foto: Wildlife. S. 131: Foto oben links: Steve Lee (University of Colorado), Jim Bell (Cornell University), Mike Wolff (Space Science Institute), and NASA; Foto oben Mitte und oben rechts: Astrofoto, Sörth; Foto unten: JPL/NASA.

Die Verlage haben sich bemüht, alle Inhaber von Nutzungsrechten zu eruieren, was leider nicht in allen Fällen gelungen ist. Sollten allfällige Nutzungsrechte geltend gemacht werden, so wird gebeten, mit den Verlagen Kontakt aufzunehmen.

 Dieses Lehrwerk wurde mit dem Worlddidac Award 2006 für innovative und pädagogisch wertvolle Lehrmittel ausgezeichnet.

mathbu.ch
Arbeitsheft 9

Walter Affolter
Guido Beerli
Hanspeter Hurschler
Beat Jaggi
Werner Jundt
Rita Krummenacher
Annegret Nydegger
Beat Wälti
Gregor Wieland

Projektleitung:
Hans Jensen, Schulverlag plus AG
Marcel Holliger, Klett und Balmer AG

Lektorat:
Stephanie Tremp, Zürich

Begutachtung:
Margret Schmassmann, Zürich
Bernd Wollring, Kassel

Illustrationen:
Brigitte Gubler, Zürich

Fotografie:
Stephanie Tremp, Zürich

Bildrechte, Redaktionsassistenz:
Julia Bethke, Klett und Balmer AG

Gestaltung und Satz:
Bernet & Schönenberger, Zürich
visualbox, Franziska Signer, Wetzikon

Korrektorat:
Terminus Textkorrektur, A. Vonmoos, Luzern

Lithografie:
Humm dtp, Matzingen

1. Auflage 2004 (6. Nachdruck 2010)

ISBN 978-3-292-00245-7 (Schulverlag plus AG)
ISBN 978-3-264-83395-9 (Klett und Balmer AG)

FSC
Mix
Produktgruppe aus vorbildlich bewirtschafteten Wäldern und anderen kontrollierten Herkünften
Zert.-Nr. GFA – COC – 001493
www.fsc.org
© 1996 Forest Stewardship Council